창의력을 키우는 코딩의 기술
엔트리 프로그래밍

창의력을 키우는 코딩의 기술
엔트리 프로그래밍

초판 1쇄 발행_2022년 5월 10일
지은이 도용화, 금미정
발행인 임종훈
진행 · 표지 · 편집디자인 인투
출력 · 인쇄 정우 P&P
주소 서울시 마포구 방울내로 11길 37 프리마빌딩 3층
주문/문의전화 02-6378-0010 팩스 02-6378-0011
홈페이지 http://www.wellbook.net

발행처 도서출판 웰북

ⓒ 도서출판 웰북 2022
ISBN 979-11-86296-70-7 13000

이 책은 저작권법에 따라 보호받는 저작물이므로 무단전재와 무단 복제를 금지하며,
이 책 내용의 전부 또는 일부를 이용하려면 반드시 저작권자와 도서출판 웰북의 서면동의를 받아야 합니다.

※ 잘못된 책은 바꾸어 드립니다.

- 엔트리는 네이버 커넥트재단에서 만든 비영리 소프트웨어 교육 플랫폼입니다.
- 본 제품은 엔트리에서 제공하는 고로와 캐릭터를 사용하여 제작하였습니다.
  Copyright ⓒ NAVER Connect Foundation. Some Rights Reserved.

미래를 꿈꾸고 성장하는 창작 플랫폼. 가장 쉽고 재밌는 엔트리!

소프트웨어(SW)는 매우 빠른 속도로 변화하고 많은 발전을 하고 있습니다. 다양한 산업과 융합된 소프트웨어는 우리 생활에 유익한 편리함을 제공하고 그로 인해 인류 생활의 중요한 부분이 되어가고 있습니다. 국가에서는 편리한 소프트웨어의 개발 필요성과 미래 인재 양성을 위해 2018년부터 초등학교와 중학교 소프트웨어 교육을 필수화하여 국가 경쟁력을 높여가고 있습니다.

1. 코딩의 시작 엔트리로 미래 기술을 경험하고 미래 교육을 준비합니다.

엔트리는 네이버 커넥트 재단에서 운영하는 비영리 창작 교육 플랫폼입니다. 2020년에 추가된 인공지능 카테고리의 새로운 학습 모델을 통해 인공지능 프로그램을 경험할 수 있고 활용할 수 있습니다.

2. 컴퓨팅 사고의 원리를 익히고 창의력을 키울 수 있습니다.

소프트웨어의 기본 원리를 이해하고 컴퓨팅 사고력과 논리를 익혀 문제해결 능력과 창의력을 키워나갈 수 있습니다.

3. 예제를 통해 누구나 재미있는 게임을 만들고 다양한 창작을 할 수 있습니다.

쉽고 재미있는 예제를 따라 해보며 기능을 익힐 수 있습니다. 다양한 블록을 활용하여 나만의 게임과 예술 작품 등의 창작물을 만들어 표현할 수 있습니다.

이 책은 쉽고 간단한 블록을 사용한 코딩 프로그램인 엔트리 활용서 입니다. 누구나 코딩에 자신감을 갖고 프로그램 개발자가 될 수 있습니다. 엔트리 프로그래밍을 통해 재능도 발견하고, 나만의 창작물을 만들어 공유하고 소통하며 성장하는 계기가 되길 바랍니다.

꼭 기억하세요!

상담을 원하시거나 아이가 컴퓨터 수업에 출석할 수 없는 경우 아래 연락처로 미리 연락 주시기 바랍니다.

타수체크

🐰 초급단계

🐰 중급단계

월 일	월 일	월 일	월 일	월 일	월 일
월 일	월 일	월 일	월 일	월 일	월 일
월 일	월 일	월 일	월 일	월 일	월 일
월 일	월 일	월 일	월 일	월 일	월 일
월 일	월 일	월 일	월 일	월 일	월 일

🐰 고급단계

월 일	월 일	월 일	월 일	월 일	월 일
월 일	월 일	월 일	월 일	월 일	월 일
월 일	월 일	월 일	월 일	월 일	월 일
월 일	월 일	월 일	월 일	월 일	월 일
월 일	월 일	월 일	월 일	월 일	월 일

이 책의 차례

- **01강** 처음 만나는 엔트리 8
- **02강** 엔트리 동물원 13
- **03강** 헬스보이 엔트리봇 18
- **04강** 피겨왕 엔트리봇 23
- **05강** 상어가 나타났다! 28
- **06강** 박쥐친구를 구하라! 33
- **07강** 사라진 박쥐친구 38
- **08강** 봄의 마술 43
- **09강** 구름낀 하늘 48
- **10강** 낙서금지 53
- **11강** 학교종이 땡땡땡 58
- **12강** 탐험가 엔트리봇의 순간이동 63

Contents

- **13강** 수학시험 ············ 68
- **14강** 유령의 만찬 ············ 73
- **15강** 어린이 축구왕 ············ 78
- **16강** 별똥별을 피하라! ············ 83
- **17강** 패션의 완성 모자 고르기 ············ 89
- **18강** 풍선 튕기기 게임 ············ 96
- **19강** 내친구 인공지능 엔트리 ············ 103
- **20강** 통역가 엔트리봇 ············ 111
- **21강** 개와 고양이 구분하기 ············ 118
- **22강** 두더지 펀치 게임 ············ 126
- **23강** 1박2일 저녁복불복 ············ 134
- **24강** 도전 퀴즈왕 ············ 141
- ● 사용한 블록정리 ············ 150

01강 처음 만나는 엔트리

학습목표
- 엔트리 프로그램을 실행해 봅니다.
- 엔트리 화면구성을 알아봅니다.
- 엔트리봇을 실행하고 저장해 봅니다.

01 엔트리 실행하기

엔트리 프로그램을 실행해 봅니다.

01 인터넷을 실행하고 엔트리 사이트(www.playentry.org)를 검색합니다. 엔트리 사이트에 접속이 되면 엔트리 첫 화면에 [다운로드]를 클릭하고 엔트리 프로그램을 다운로드해서 실행해 봅니다.

02 다음 화면이 나오면 컴퓨터 사양에 따라 선택하여 다운로드하고 [다음]을 클릭합니다.

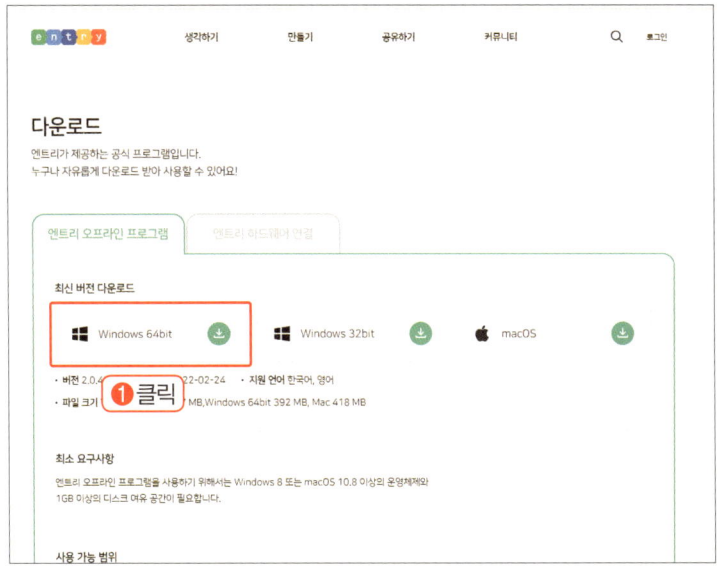
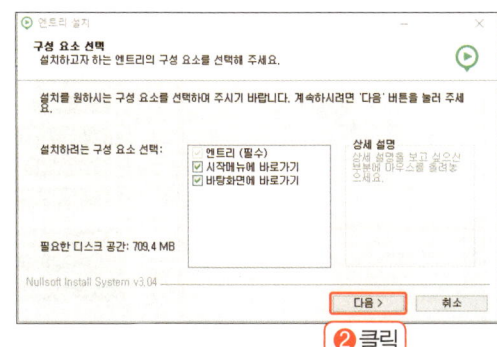

03 다음 화면이 나오면 설치를 선택하고 설치가 완료되면 마침을 클릭합니다.

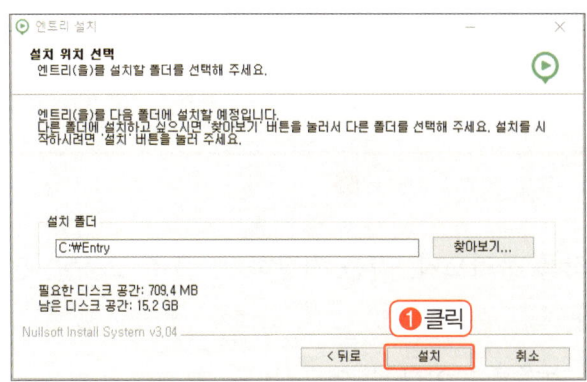
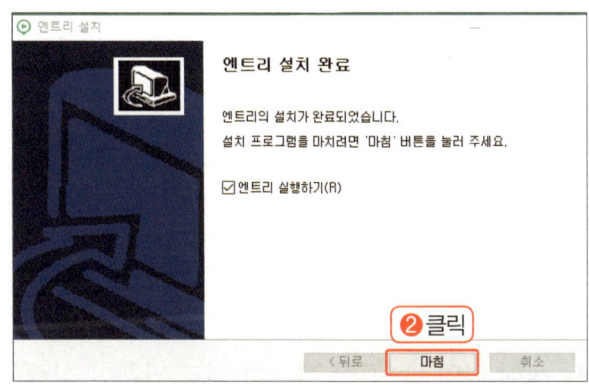

TIP 엔트리 사이트에서도 [만들기]를 통해 엔트리를 실행할 수 있습니다. 회원가입을 하면 본인이 만든 작품을 공유할 수 있고, 내가 만든 작품은 [커뮤니티]에 [마이 페이지]에서 관리할 수 있습니다.

02 엔트리 화면구성 보기

엔트리 화면구성(엔트리 v2.0.43 버전)을 알아봅니다.

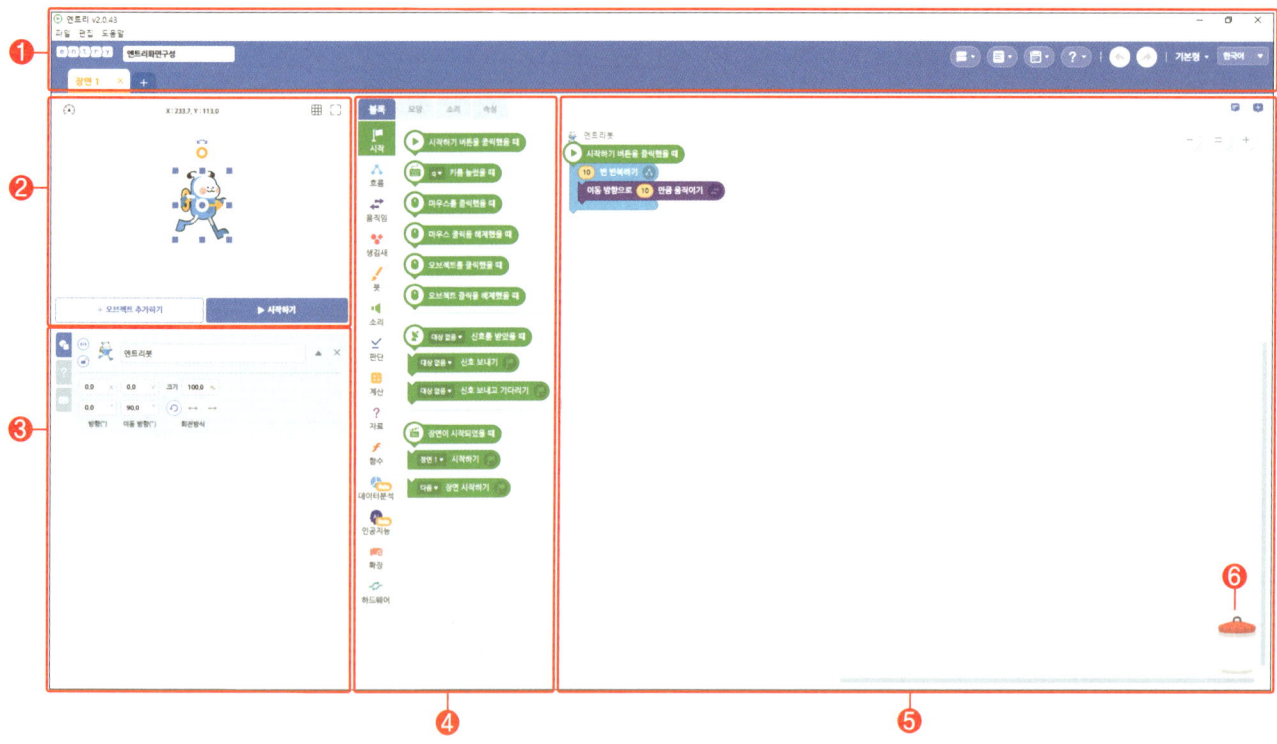

❶ **상단 메뉴** : 작품 이름, 코딩 방식, 새로 만들기, 작품 불러오기, 작품 저장하기, 블록 도움말, 인쇄, 되돌리기, 다시 실행, 언어 선택의 메뉴가 있습니다.

❷ **실행 화면** : 블록을 코딩한 데로 작품이 실행하는지 결과를 확인할 수 있습니다.

❸ **오브젝트 목록** : 실행 화면에 나타난 오브젝트의 이름과 정보를 나타내고 오브젝트의 속성을 수정하고 제어할 수 있습니다.

❹ **블록 꾸러미** : 실행 화면에서 결과를 만들어낼 여러 가지 블록과 모양, 소리, 속성의 탭들로 구성되어 있습니다.

❺ **블록 조립소** : 블록 꾸러미에서 다양한 블록들을 마우스로 끌어와 조립하는 실제로 코딩 작업이 이루어지는 영역입니다.

❻ **휴지통** : 코딩을 하다가 블록을 잘못 가져오는 경우 블록을 마우스로 잡고 휴지통으로 드래그하면 휴지통 뚜껑이 열리면서 블록이 삭제됩니다.

03 엔트리 실행하기, 저장하기

엔트리 프로그램을 실행하고 저장해 봅니다.

01 엔트리 프로그램을 실행합니다. 실행 첫 화면에 항상 엔트리봇이 보입니다. 화면의 시작하기 (▶ 시작하기)를 클릭하면 엔트리봇이 이동 방향으로 '10만큼 10번' 이동하도록 실행됩니다.

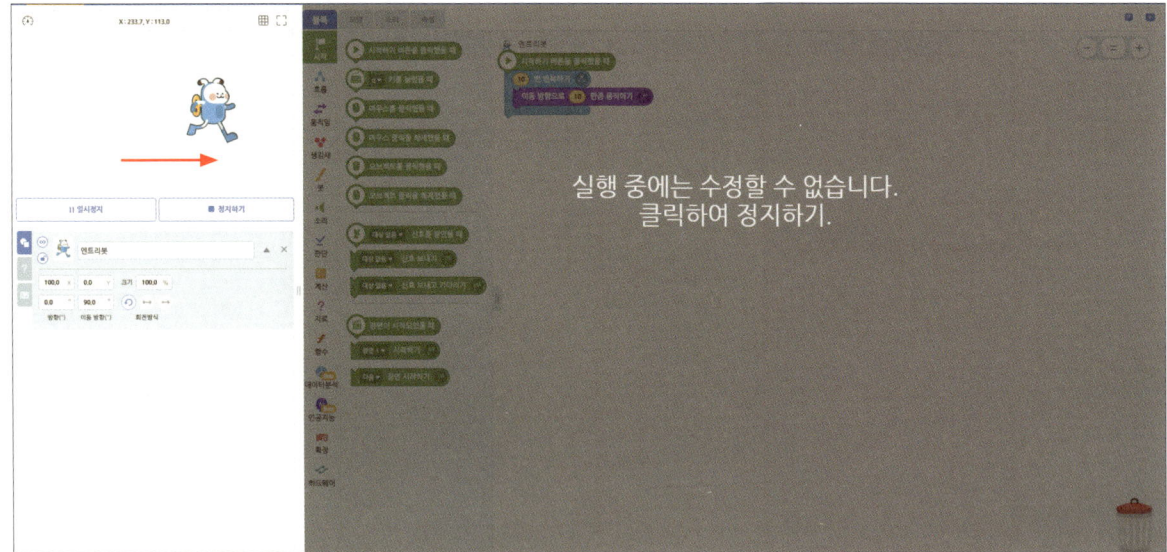

02 저장하기는 왼쪽 상단 박스에 "엔트리 화면구성"이라고 제목을 정하고 [저장하기]를 클릭합니다. 엔트리 프로그램의 파일 확장자는 .ent입니다.

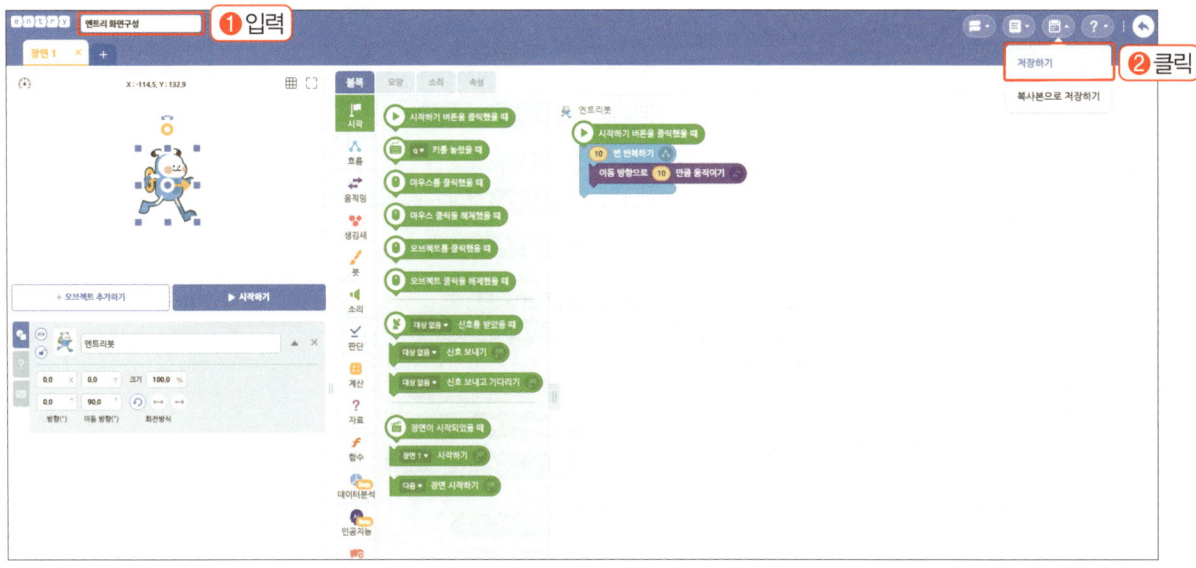

혼자서 똑딱똑딱

01 엔트리 화면 구성 요소를 빈칸에 맞게 적어봅니다.

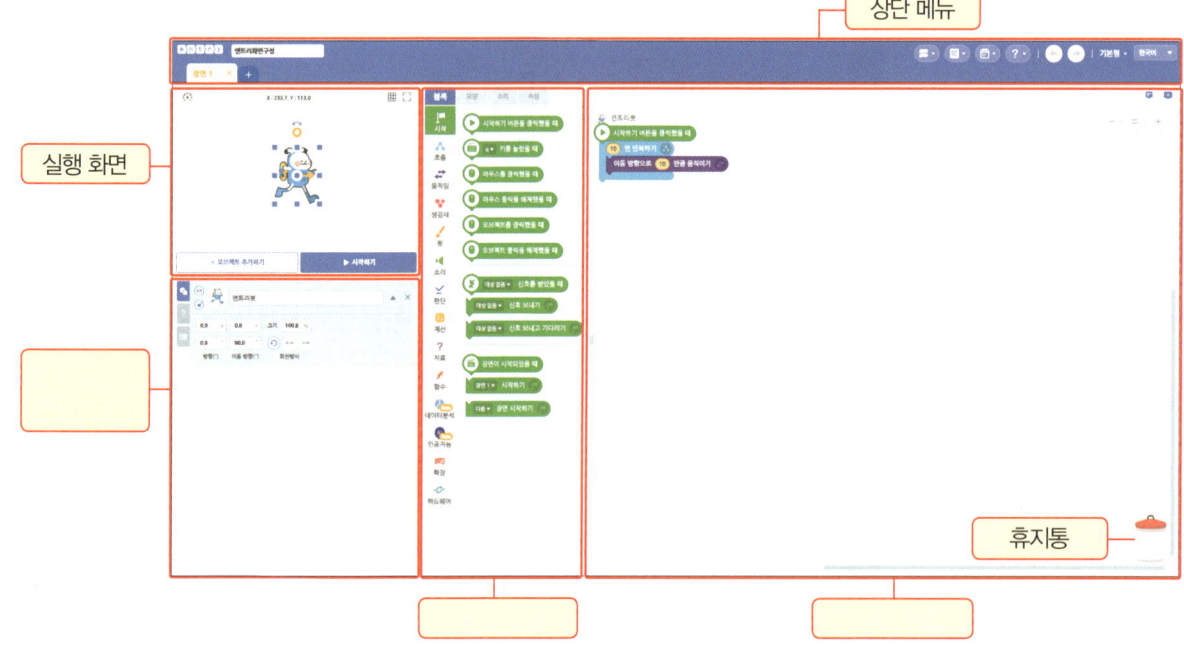

02 다음 그림의 엔트리봇이 이동 방향으로 200만큼 움직이도록 만들어봅니다.

[예제파일] 200만큼움직이기.ent

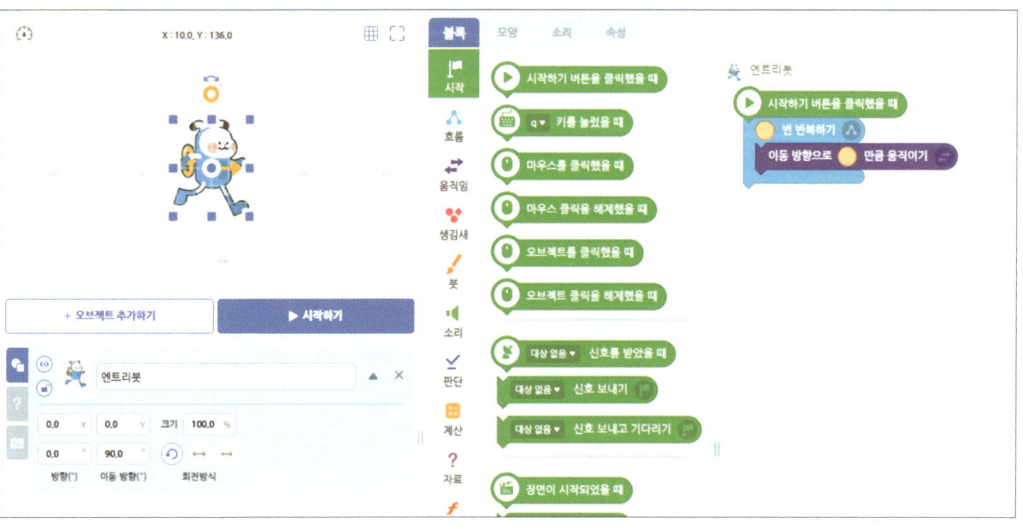

02강 엔트리 동물원

학습 목표
- 오브젝트를 추가해 봅니다.
- 오브젝트 위치를 이동하고 크기를 조절해 봅니다.
- 오브젝트의 방향을 바꿔봅니다.

📁 [완성파일] 엔트리동물원.ent

01 오브젝트를 추가해 보기

다양한 오브젝트를 추가하기 해 봅니다.

01 엔트리를 시작하면 첫 화면에 엔트리봇이 항상 보입니다. 엔트리봇 오브젝트를 삭제해서 아무것도 없는 실행 화면을 만듭니다. 삭제하는 방법은 [오브젝트 목록]에 보이는 엔트리봇의 오른쪽 끝에 [닫기(×)]를 클릭합니다.

02 오브젝트 추가하기(+오브젝트 추가하기)를 클릭하고 [동물] 오브젝트에서 '기린'을 선택해서 추가하기를 합니다.

03 [동물] 오브젝트에서 '당나귀(1)', '뿔이 있는 사슴', '사나운 호랑이', '사자'를 추가하고 [배경] 오브젝트에서 '들판(3)'을 추가합니다. 검색창을 사용할 수도 있습니다. 배경이 생기고 중심점에 모든 오브젝트들이 겹쳐서 추가된 것을 확인합니다.

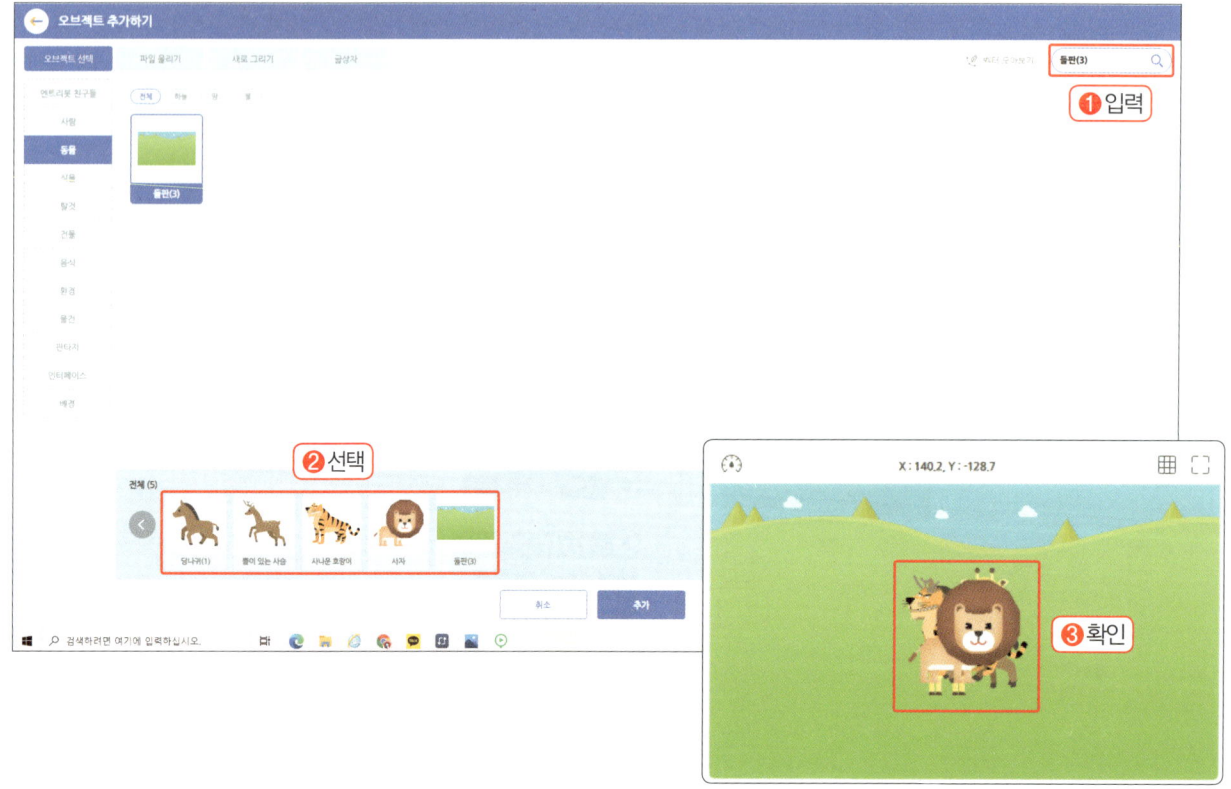

02 오브젝트의 위치 이동하기, 크기 조절하기

오브젝트의 위치를 원하는 곳으로 이동하고 크기 조절을 합니다.

01 '사자' 오브젝트를 클릭하고 드래그하여 원하는 위치에 가져다 둡니다. 나머지 오브젝트들도 차례대로 원하는 위치에 드래그해봅니다.

02 위치 지정이 잘 되었다면 실행 화면에서 '사나운 호랑이' 오브젝트를 클릭합니다. '사나운 호랑이' 그림 주변에 8개의 점으로 연결된 네모 박스를 드래그하면 크기 조절이 됩니다. 원하는 데로 크기 조절을 해봅니다.

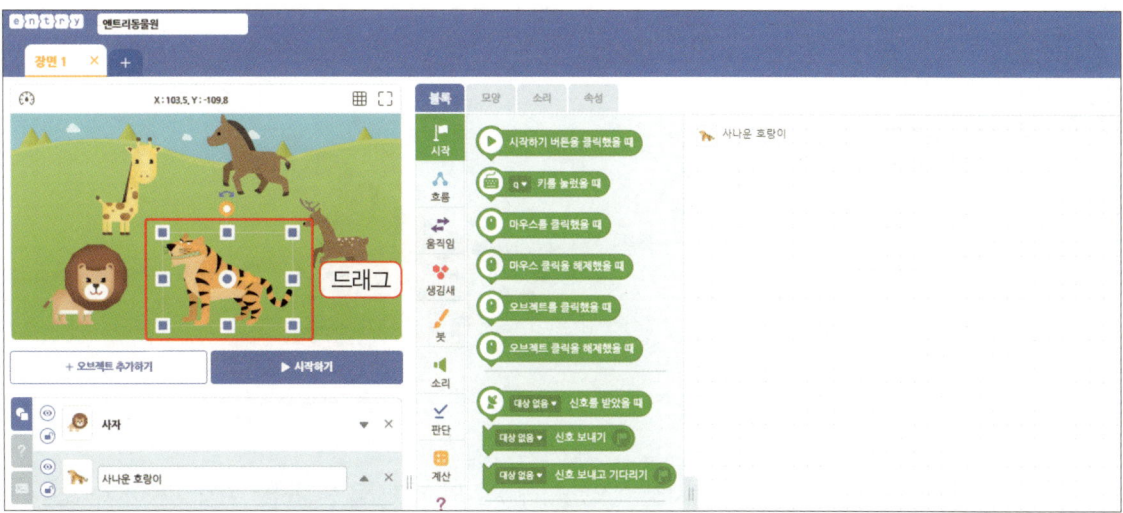

03 오브젝트의 방향 바꾸기

오브젝트의 방향을 바꿔봅니다.

01 '사나운 호랑이'가 '사자' 반대편을 보도록 방향을 바꿔봅니다. '사나운 호랑이' 오브젝트를 클릭한 후 블록 꾸러미에서 [모양] 탭을 선택하고 큰 호랑이 그림 아래쪽에 [반전( )]을 클릭합니다.

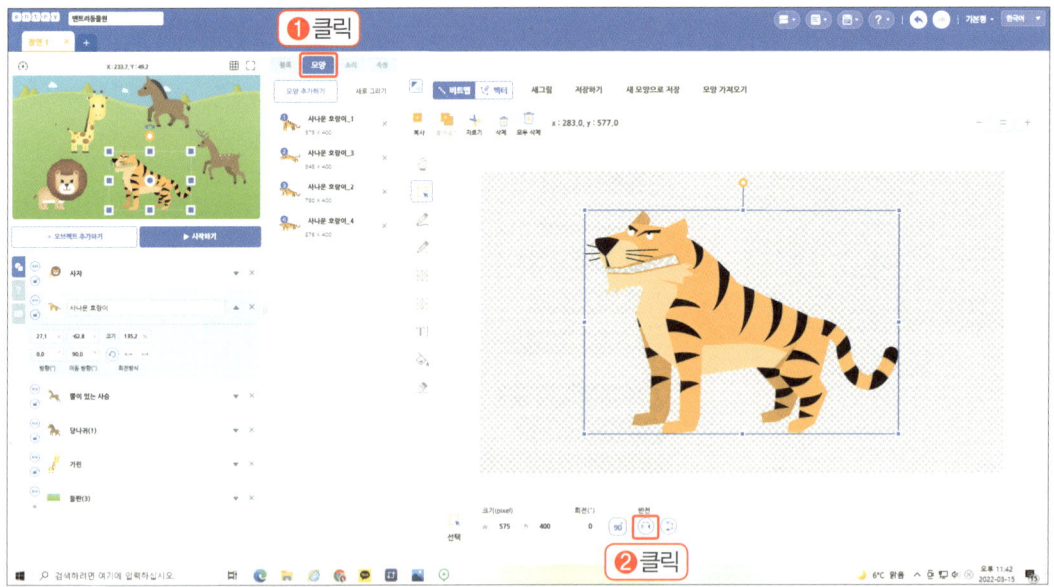

02 '사나운 호랑이' 모양이 반대로 되었으면 [저장하기]를 클릭한 후, 실행 화면에서 '사나운 호랑이' 오브젝트가 방향이 바뀌었는지 확인해 봅니다.

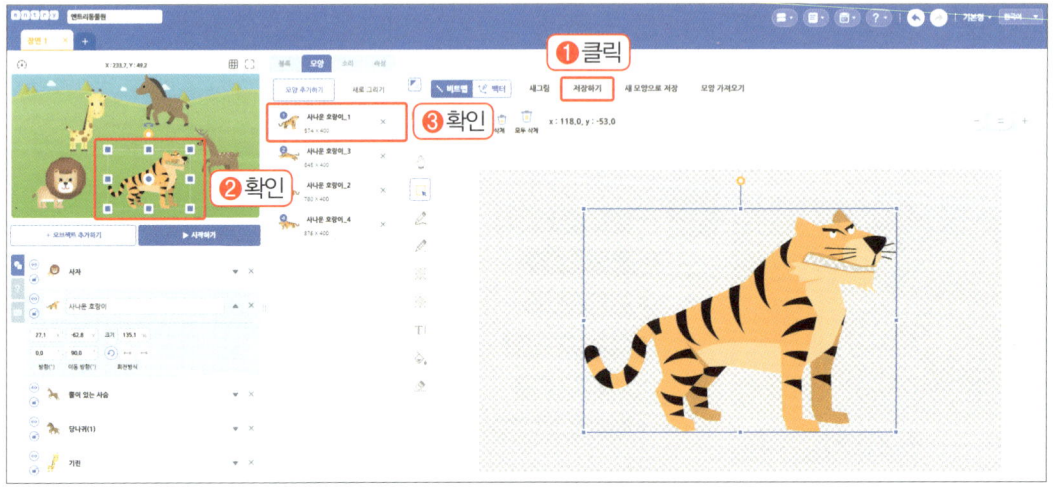

TIP 오브젝트의 목록에서도 오브젝트를 이동시킬 수 있습니다. X, Y의 좌표값을 변경하면 위치 이동이 가능합니다.

혼자서 똑딱똑딱

01 다음 그림과 같이 오브젝트를 추가해 봅니다.

[예제파일] 토끼와거북이.ent

02 다음 그림의 오브젝트를 추가하기 하고 오브젝트의 크기와 방향을 바꾸어 그림과 같이 완성해 봅니다.

[예제파일] 해적선과독수리.ent

03강 헬스보이 엔트리봇

학습 목표
- 모양 바꾸기를 사용하여 움직이는 오브젝트를 만들어 봅니다.
- 말풍선을 이용하여 오브젝트가 말하는 방법을 배워봅니다.

[완성파일] 헬스보이엔트리봇.ent

01 움직이는 오브젝트 만들기

모양 바꾸기를 사용하여 움직이는 오브젝트를 만들어 봅니다.

01 엔트리를 시작하고 오브젝트 추가하기(+오브젝트 추가하기)를 합니다. [배경] 오브젝트에서 '조명이 있는 무대'를 선택하고, '운동하는 엔트리봇' 오브젝트도 추가하여 원하는 대로 크기와 위치를 조정합니다. 블록 꾸러미 창의 [모양] 탭에서 오브젝트에 포함된 그림을 확인합니다.

02 블록 꾸러미 창에서 [블록]을 클릭하고 시작의 시작하기 버튼을 클릭했을 때 를 선택합니다. 움직임을 반복하도록 흐름의 10번 반복하기 를 선택하여 블록 조립소에 순서대로 드래그하여 연결합니다.

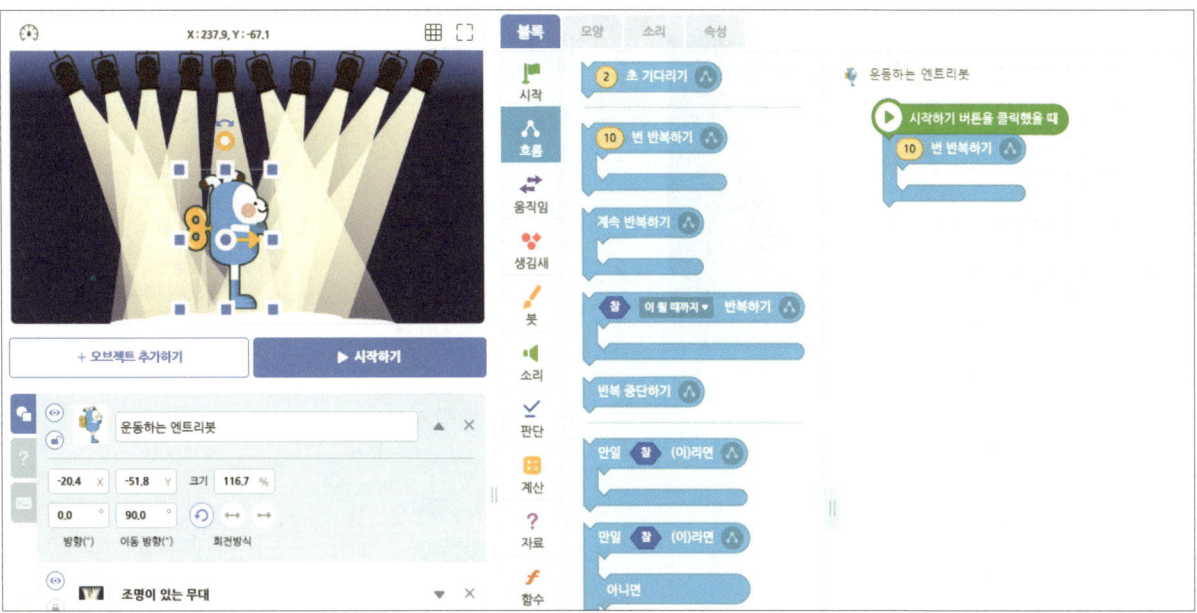

03 운동하는 엔트리봇을 나타내기 위해 생김새의 운동하는 엔트리봇_서기 모양으로 바꾸기 를 선택하고, 흐름의 2초 기다리기 를 선택하여 블록 조립소에 연결하고 엔트리봇이 적당한 속도로 운동하도록 시간 값을 '0.5초'로 변경합니다.

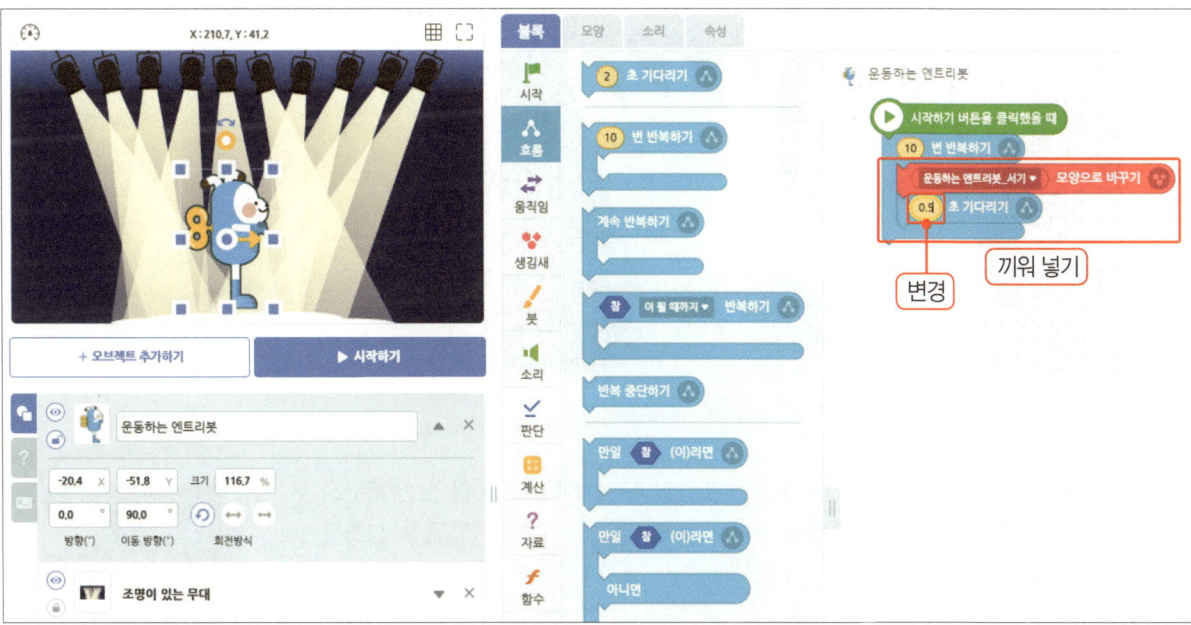

04 의 `운동하는 엔트리봇_서기` `모양으로 바꾸기` 와 의 `2 초 기다리기` 를 블록조립소에 연결합니다. '운동하는 엔트리봇-서기'를 클릭하여 '**운동하는 엔트리봇-앉기**'로 변경하고 시간 값을 '**0.5초**'로 변경해요.

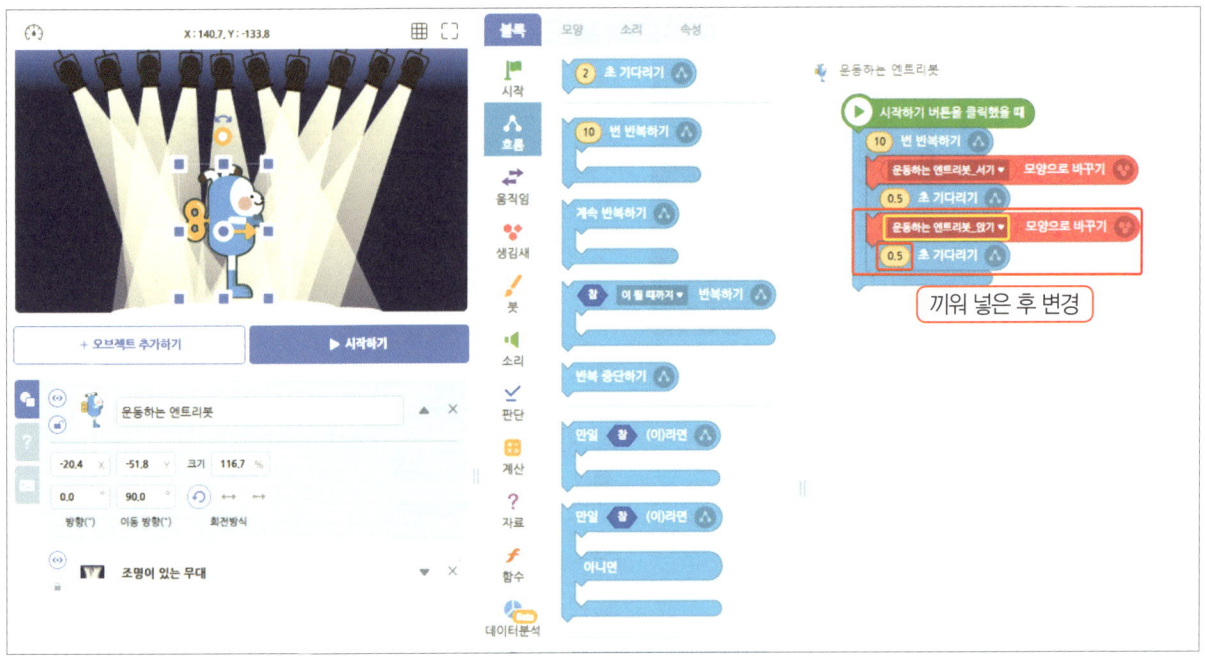

05 실행 화면에 시작하기(▶시작하기)를 클릭하고 엔트리봇이 10번 서기 앉기를 반복하는 것을 확인합니다.

 **TIP** 오브젝트의 모양이 반복되는 블록을 조립할 때 오브젝트의 모양 순서대로 하나씩 코딩하는 방법 외에 블록 꾸러미 창에서 의 `다음▼ 모양으로 바꾸기` 블록을 사용하여 움직임을 나타낼 수도 있습니다.

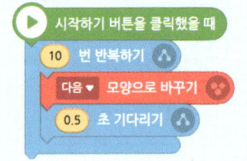

02 말풍선 사용하기

말풍선을 사용하여 오브젝트가 말하는 방법을 배워봅시다.

01 '운동하는 엔트리봇'의 오브젝트를 선택하고 `시작`의 `시작하기 버튼을 클릭했을 때` 블록과 `생김새`의 `안녕! 을(를) 4 초 동안 말하기` 블록을 선택하고 블록 조립소로 드래그하여 순서대로 연결합니다.

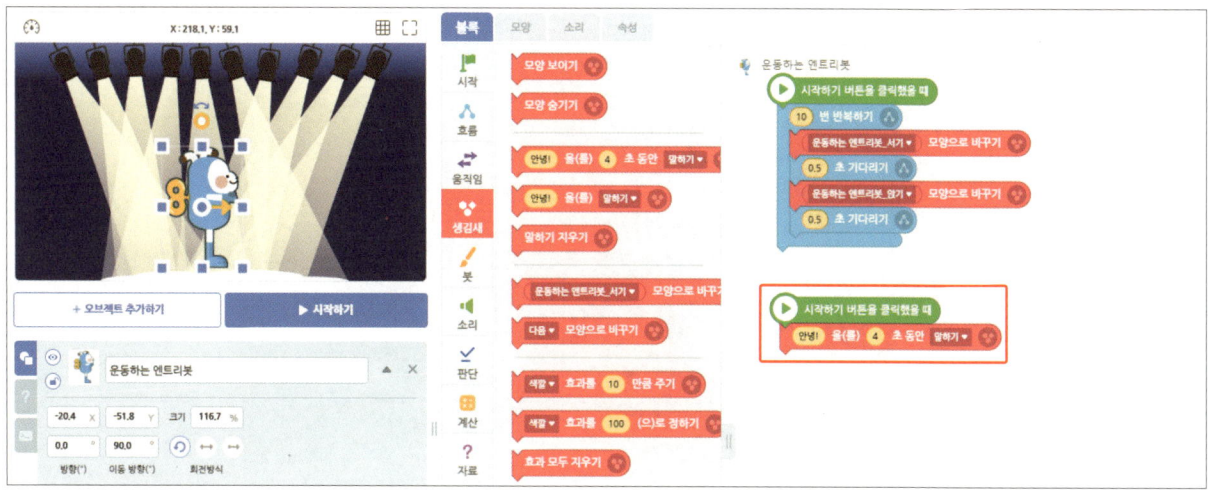

02 `안녕! 을(를) 4 초 동안 말하기` 블록을 "건강한 몸을 원하십니까?"로 변경합니다. 실행 화면에서 시작하기(`▶ 시작하기`)를 클릭하고 말풍선이 생기는지 확인합니다.

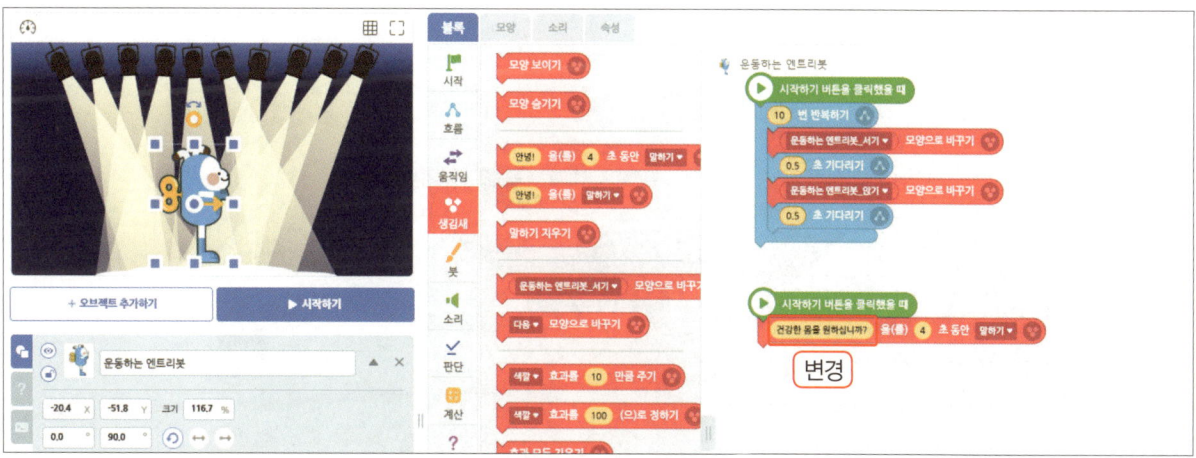

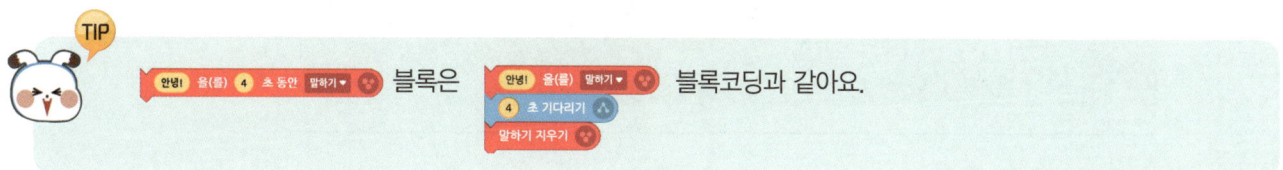

TIP: `안녕! 을(를) 4 초 동안 말하기` 블록은 `안녕! 을(를) 말하기` + `4 초 기다리기` + `말하기 지우기` 블록코딩과 같아요.

혼자서 똑딱똑딱

01 다음 그림을 완성하고 강아지가 계속 움직이도록 만들어 봅니다.

 [예제파일] 눈위강아지.ent

02 다음 그림을 완성하고 말풍선을 만들어 봅니다.

[예제파일] 우리것이좋은것이야.ent

04강 피겨왕 엔트리봇

학습 목표
- 움직이며 이동하는 오브젝트를 만들어 봅니다.
- 화면 끝에 닿으면 다시 돌아오는 블록을 사용해 봅니다.

[완성파일] 피겨왕엔트리봇.ent

01 움직이며 이동하는 오브젝트 만들기

움직이며 이동하는 오브젝트를 만들어 봅니다.

01 오브젝트 추가하기(+ 오브젝트 추가하기)를 클릭하고 '스케이트 엔트리봇' 오브젝트와 [배경]에 '스케이트장' 오브젝트를 추가하기 합니다. '스케이트 엔트리봇' 오브젝트를 선택하고 블록 꾸러미에 [모양] 탭에 그림을 확인합니다. [오브젝트 목록]에 회전 방식을 [좌우회전(↔)]으로 선택합니다.

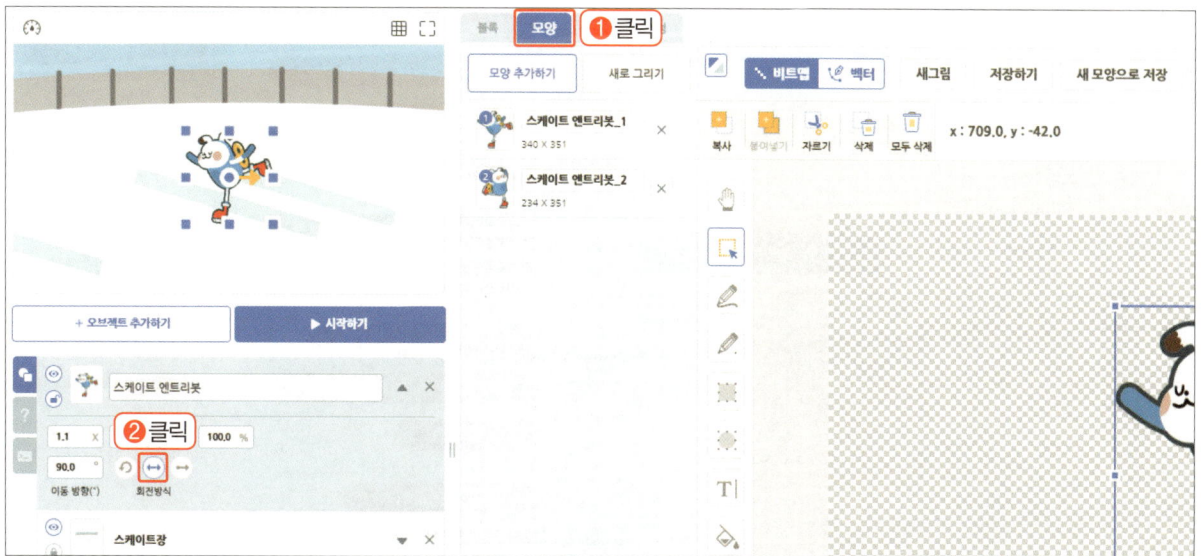

02 블록 꾸러미 창에서 ▶의 ⬤시작하기 버튼을 클릭했을 때 , ⬤의 계속 반복하기 를 선택하고 블록 조립소에 순서대로 드래그하여 연결합니다.

03 ⬤의 다음▼ 모양으로 바꾸기 를 선택하고 블록 조립소에 끼워 넣어 연결합니다.

04 적당한 움직임을 주기 위해 [흐름]의 [2초 기다리기]를 블록 조립소에 드래그하여 연결한 후 시간 값을 '0.5초'로 변경합니다.

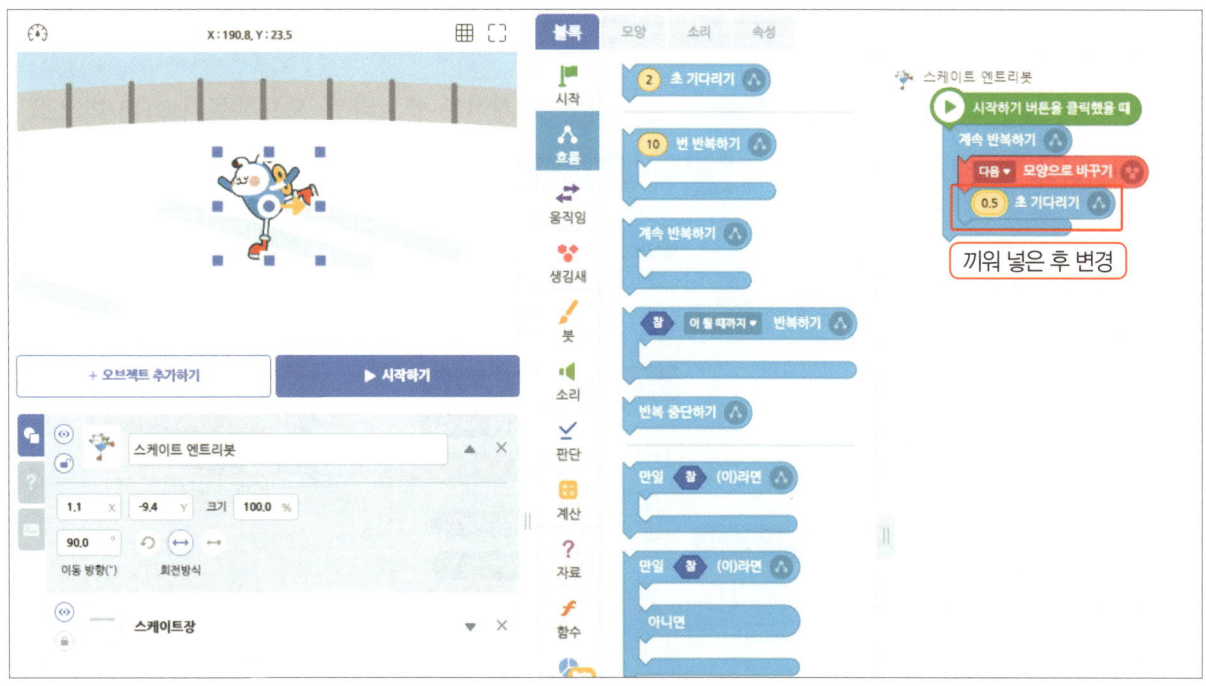

05 움직이며 이동하도록 [움직임]의 [이동 방향으로 10 만큼 움직이기]를 선택하고 연결합니다.

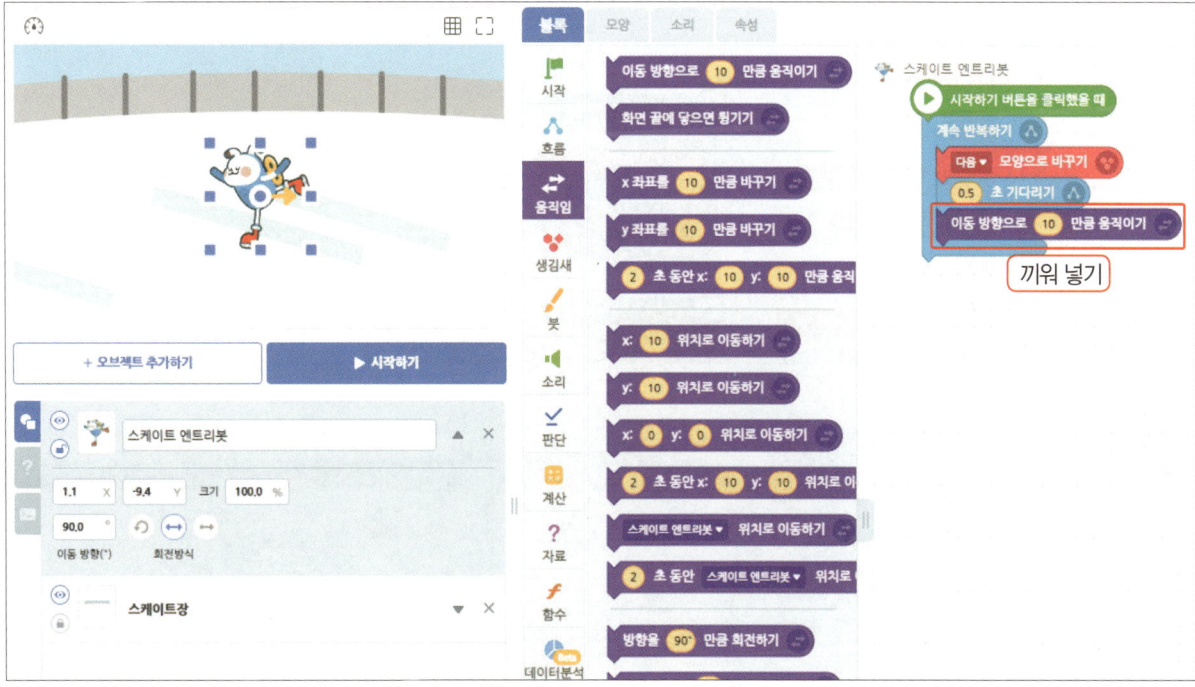

02 화면 끝에 닿으면 다시 돌아오기

오브젝트가 화면 끝에 닿으면 다시 돌아오도록 만듭니다.

01 실행 화면에서 시작하기(▶시작하기)를 클릭하면 '스케이트 엔트리봇' 오브젝트가 화면 밖으로 사라져 버립니다. 사라지지 않게 하기 위해 [움직임] 의 [화면 끝에 닿으면 튕기기] 를 선택하고 블록 조립소에 연결합니다.

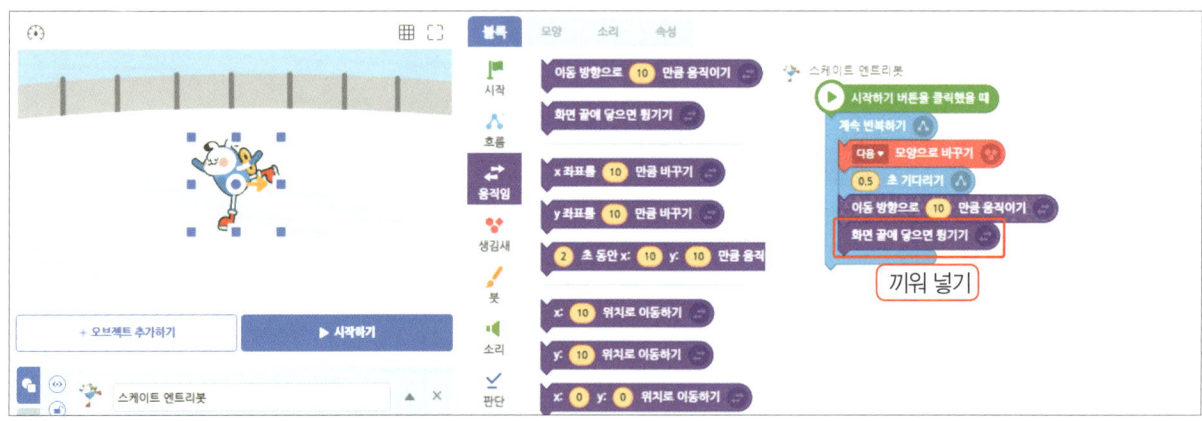

02 [시작] 의 [▶시작하기 버튼을 클릭했을 때] 와 [생김새] 의 [안녕! 을(를) 4 초 동안 말하기▼] 를 블록 조립소에 드래그하여 연결하고 "안녕"을 "**나는 피겨꿈나무 엔트리봇이야!**"로 변경합니다.

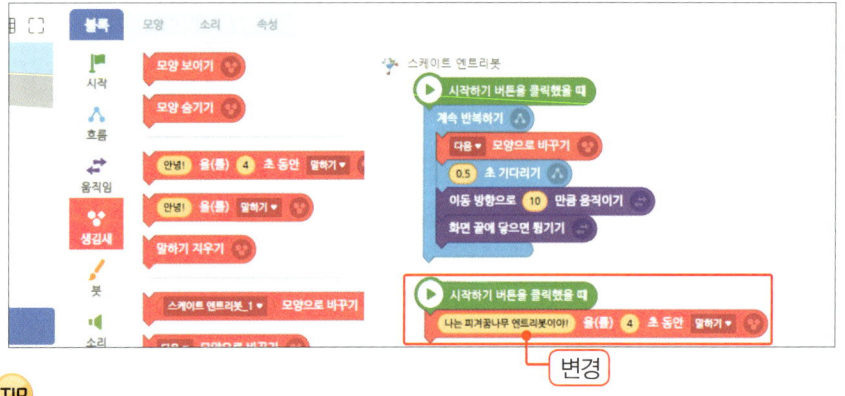

 **TIP** 오브젝트가 화면 끝까지 이동하여 돌아오는 방식에는 자유회전( ), 좌우 회전( ), 고정( )의 세 가지 회전 방식이 있습니다.

혼자서 뚝딱뚝딱

01 다음 그림을 완성하고 '잠자리' 오브젝트가 움직이며 화면 안에서 날아 다니도록 만들어 봅니다. 나머지 '엔트리봇'과 '부엉이'도 움직이며 이동하도록 만들어 봅니다.

[예제파일] 잠자리부엉이비행.ent

02 이 그림을 완성하고 '움직이는 사자'와 '움직이는 호랑이'를 만들고 '사자'는 이동 방향으로 '10'만큼 움직이고 '호랑이'는 이동 방향으로 '20'만큼 움직이도록 만들어 봅니다.

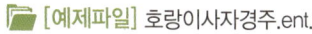
[예제파일] 호랑이사자경주.ent

05강 상어가 나타났다!

학습 목표
- 이동방향 화살표를 사용하여 오브젝트의 이동 방향을 설정합니다.
- 무작위 수를 사용하여 자유롭게 움직이는 오브젝트를 만들어 봅니다.
- 코드 복사를 사용하여 다른 오브젝트에 같은 효과를 내도록 만들어 봅니다.

[완성파일] 상어가나타났다.ent

01 이동방향 설정하기

이동방향 화살표를 사용하여 오브젝트의 이동 방향을 설정합니다.

01 오브젝트 추가하기(+ 오브젝트 추가하기)를 클릭하고 '물고기', '빨간 물고기', '상어(2)' 오브젝트와 [배경]에 '바닷속(1)' 오브젝트를 추가하기 합니다. 오브젝트를 드래그하여 원하는 위치에 이동하고 크기를 조절합니다.

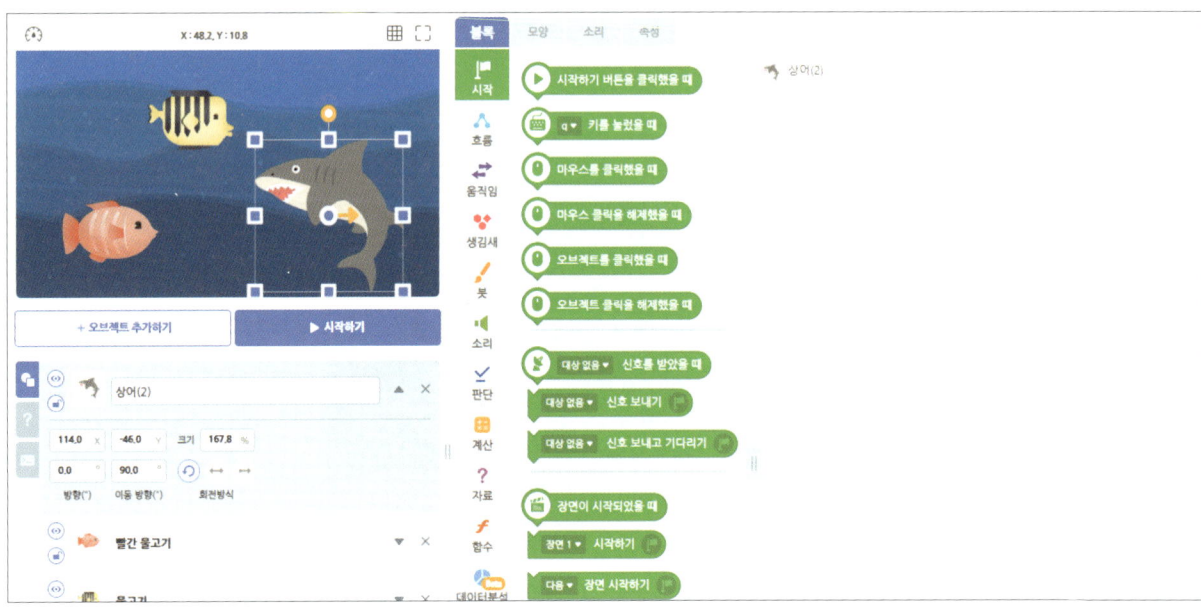

02 '상어(2)' 오브젝트를 클릭하고 [모양] 탭에서 '상어(2)_2'로 선택하고 이동방향을 변경합니다. [오브젝트 목록]에서 회전 방식을 [좌우 회전](↔)으로 선택하고, '물고기'와 '빨간 물고기' 오브젝트도 '상어(2)'와 같은 방법으로 이동방향과 회전방식을 변경합니다.

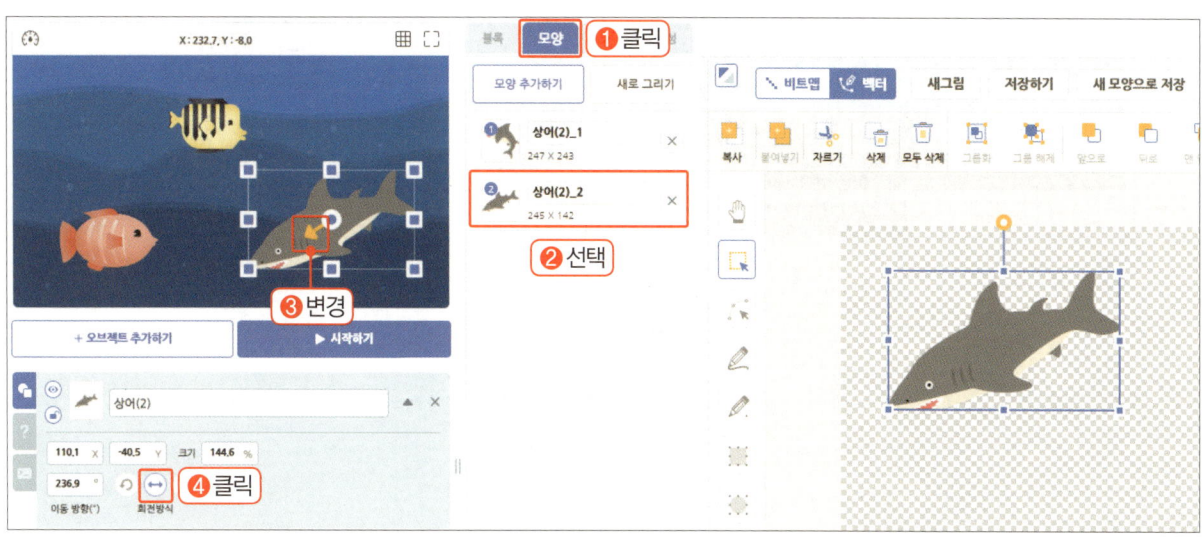

02 자유롭게 움직이는 물고기 만들기

무작위 수를 사용하여 자유롭게 움직이는 물고기를 만듭니다.

01 '물고기' 오브젝트를 선택하고 블록 꾸러미 창에서 의 `시작하기 버튼을 클릭했을 때` 와 의 `계속 반복하기`, 의 `이동 방향으로 10 만큼 움직이기`, `화면 끝에 닿으면 튕기기` 블록을 블록 조립소로 드래그하여 끼워 넣어 연결합니다.

02 [계산]의 [0 부터 10 사이의 무작위 수]를 [이동 방향으로 10 만큼 움직이기]의 10에 끼워 넣습니다.

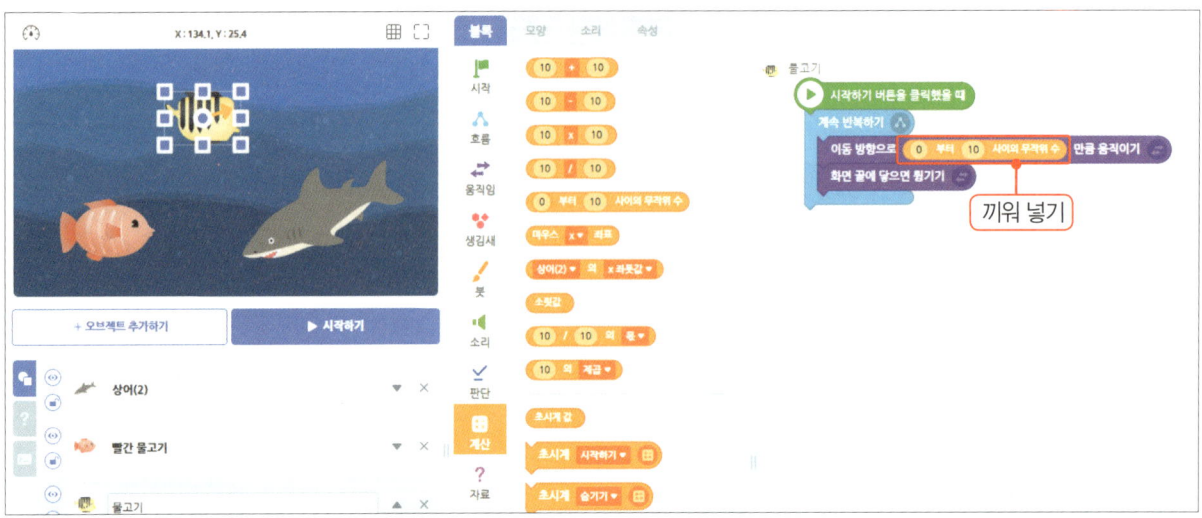

03 다른 오브젝트에 같은 효과 만들기

코드 복사를 사용하여 다른 오브젝트에 같은 효과를 만듭니다.

01 [오브젝트 목록]에서 '물고기' 오브젝트를 선택하고, [블록 조립소]에 코딩된 블록을 복사하기 위해 [시작하기 버튼을 클릭했을 때] 블록 위에서 마우스 오른쪽 버튼을 눌러 [코드 복사]를 클릭합니다.

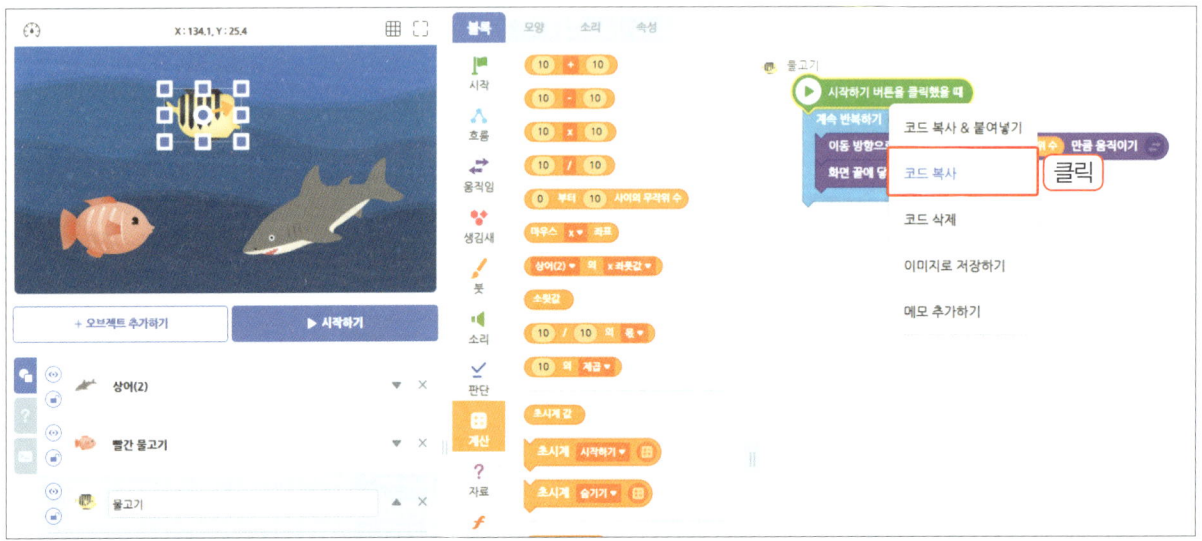

02 [오브젝트 목록]에 '상어(2)'를 선택하고 [블록 조립소]에서 오른쪽 마우스 버튼을 눌러 [붙여넣기]를 클릭합니다.

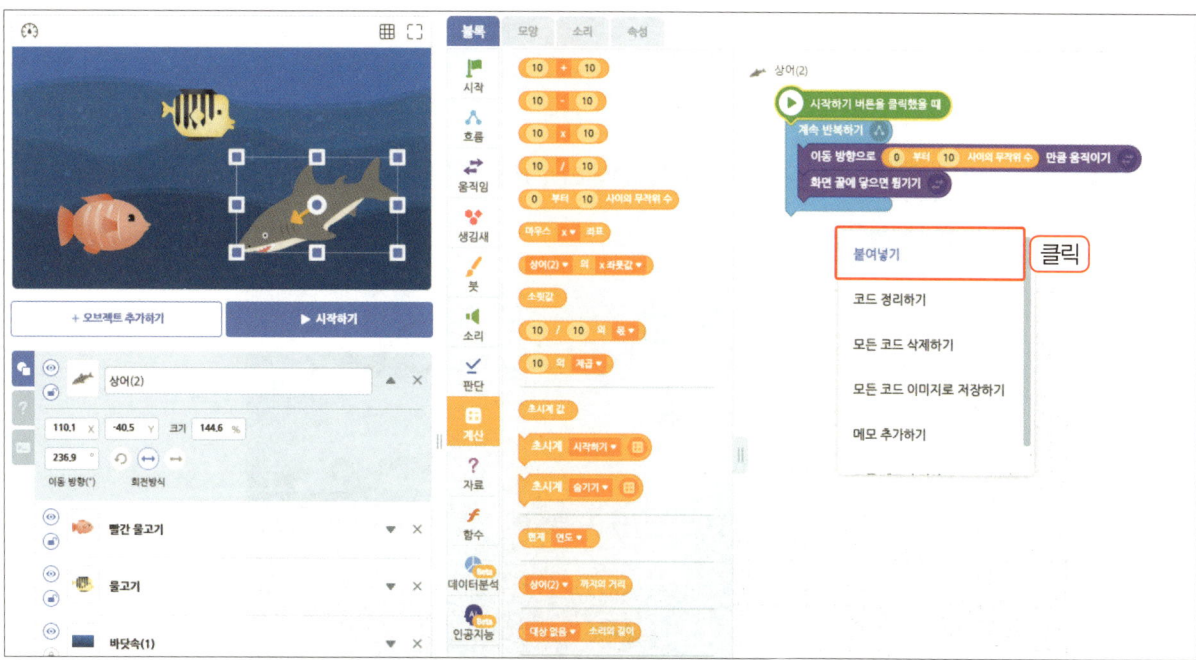

03 '빨간 물고기' 오브젝트도 선택하고 같은 방법으로 [블록 조립소]에 [붙여넣기]를 합니다.

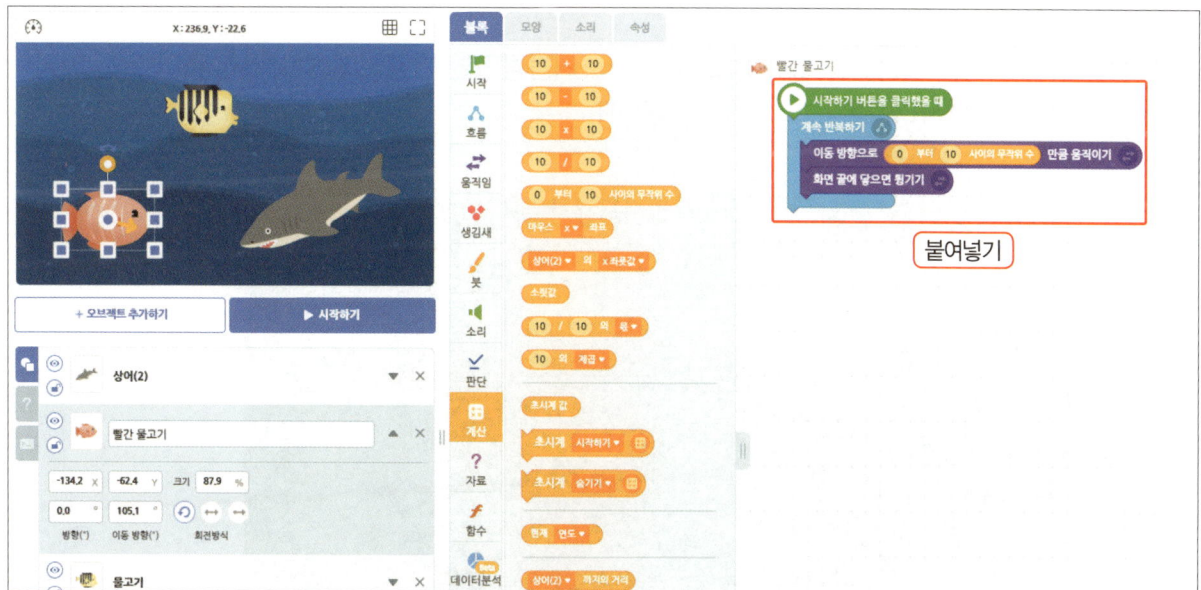

04 실행 화면에서 시작하기(▶ 시작하기)를 클릭하고 오브젝트들이 동작하는지 확인합니다.

혼자서 똑딱똑딱

01 다음 그림을 완성하고, 오브젝트마다 [0부터 10사이의 무작위 수]의 값을 변경하여 빠르기를 다르게 만들어 봅니다.

[예제파일] 유령소동.ent

02 다음 그림을 완성하고, 오브젝트의 크기와 이동방향을 변경하여 병아리가 엄마 닭을 따라다니도록 만들어 봅니다.

[예제파일] 엄마닭과병아리.ent

06강 박쥐친구를 구하라!

학습목표
- 키보드의 상하좌우 방향 키로 오브젝트를 움직여 봅니다.
- 오브젝트가 특정 오브젝트에 닿으면 출발점에서 다시 시작하도록 만들어 봅니다.

📁 [완성파일] 박쥐친구를구하라.ent

01 키보드의 상하좌우 방향 키로 오브젝트 움직이기

키보드의 상하좌우 방향 키로 오브젝트를 움직여 봅니다.

01 오브젝트 추가하기()를 클릭하고 '거미줄', '박쥐(1)', '박쥐(2)', '나뭇잎', '낙엽' 오브젝트와 배경에 '신비로운 숲 속' 오브젝트를 추가하기 합니다. 오브젝트를 드래그하여 원하는 위치에 이동하고 크기를 조절합니다.

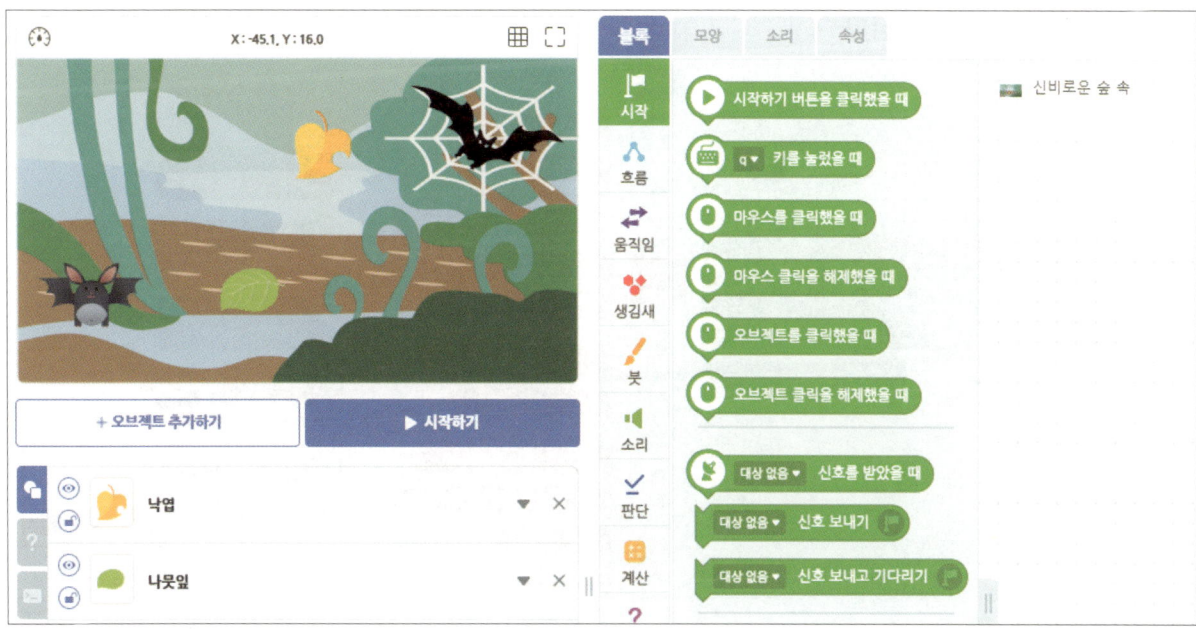

02 '박쥐(2)' 오브젝트를 선택하고 [시작]의 [q▼ 키를 눌렀을 때] 와 [움직임]의 [x 좌표를 10 만큼 바꾸기], [y 좌표를 10 만큼 바꾸기]를 사용하여 아래 그림과 같이 4개의 블록을 코딩하고, 좌표값을 변경하여 상하좌우로 움직이는 방향 키를 만들어 봅니다.

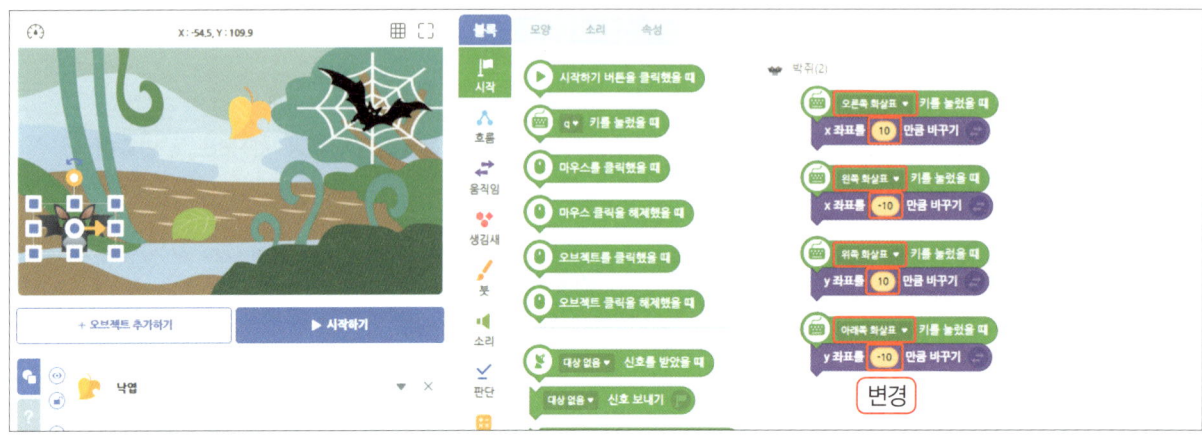

02 특정 오브젝트에 닿으면 출발점에서 다시 시작하기

오브젝트가 특정 오브젝트에 닿으면 출발점에서 다시 시작하도록 만들어 봅니다.

01 '박쥐(2)' 오브젝트를 선택하고 [시작]의 [시작하기 버튼을 클릭했을 때] 와 [흐름]에 [2 초 기다리기], [생김새]의 [안녕! 을(를) 4 초 동안 말하기▼]를 블록 조립소에 드래그하여 연결합니다. "안녕" 문자를 "**기다려 내가 구해줄께!!**"로 변경합니다.

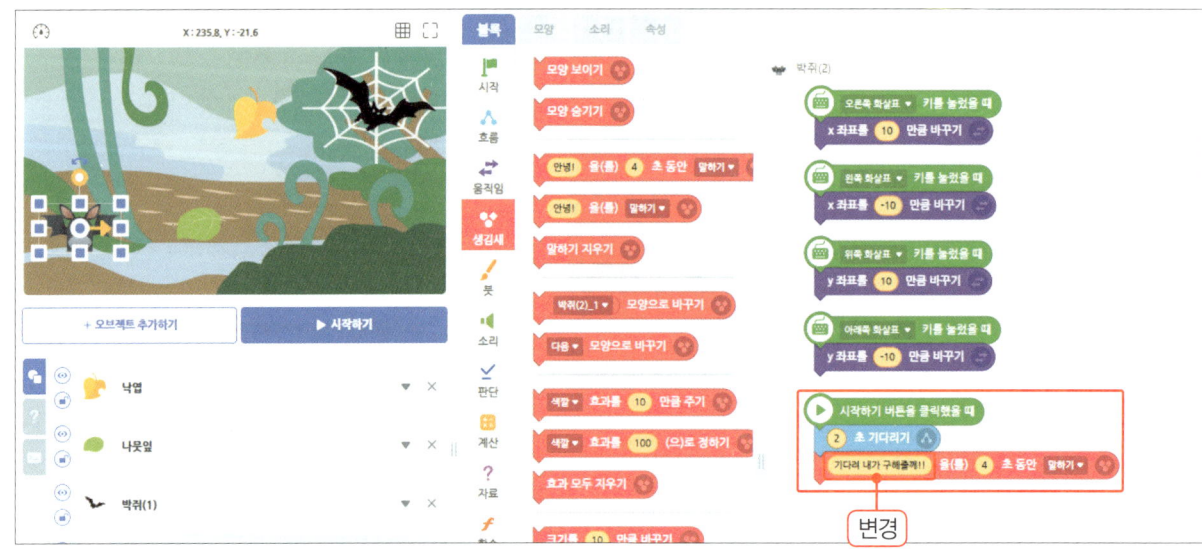

02 ![흐름]의 [계속 반복하기]를 블록 꾸러미에 드래그하여 연결하고, ![흐름]의 [만일 참 이라면] 블록을 추가하여 끼워 넣어 연결합니다. 〈참〉 위치에 ![판단]의 [참 또는▼ 거짓]을 끼워 넣기 합니다.

03 [참 또는▼ 거짓]의 〈참〉과 〈거짓〉 위치에 ![판단]의 [마우스포인터▼ 에 닿았는가?]를 끼워 넣고 마우스포인터를 클릭하고 각각의 마우스포인터에 '낙엽'과 '나뭇잎'을 선택합니다.

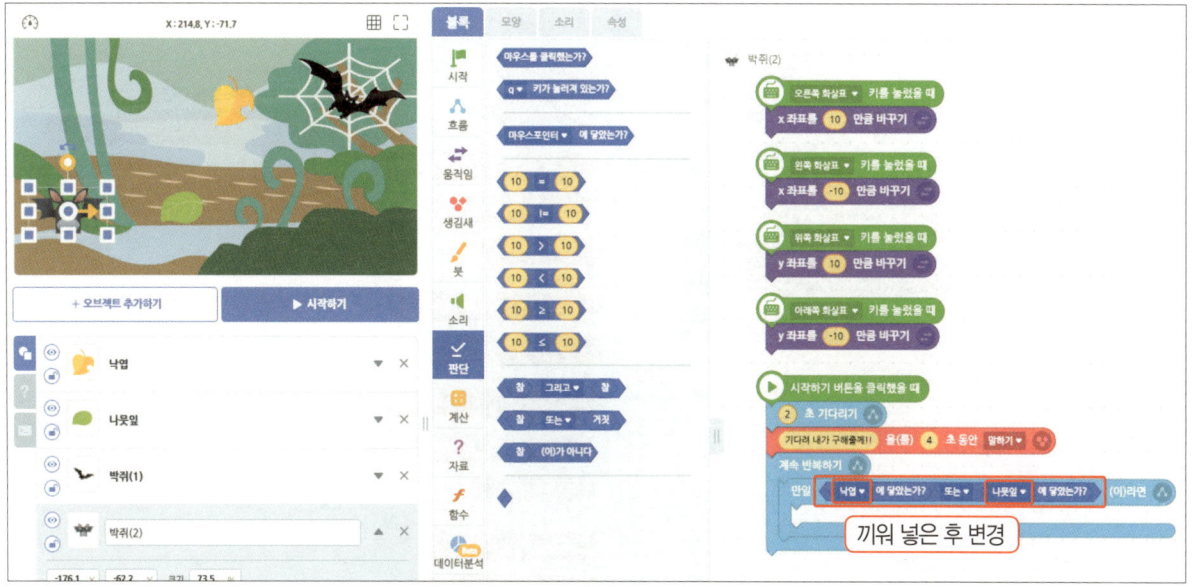

35

04 의 위치로 이동하기 를 블록 조립소의 빈 공간에 끼워 넣습니다. '박쥐' 오브젝트의 시작 좌표인 x값은 '-176.1'으로 y값은 '-62.2'로 변경합니다.

05 '박쥐(1)' 오브젝트를 선택하고 시작하기 버튼을 클릭했을 때 와 생김새의 안녕! 을(를) 4 초 동안 말하기 를 선택하고 드래그하여 블록 조립소에 연결한 후 "안녕"을 **"친구야 살려줘!!"**로 변경합니다.

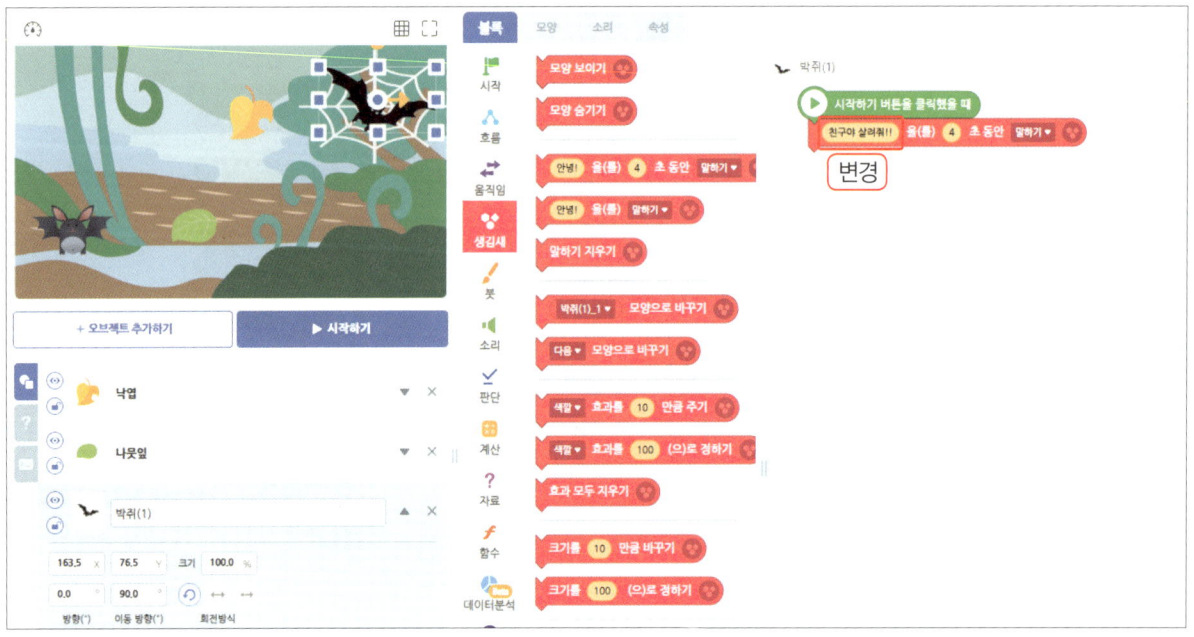

혼자서 뚝딱뚝딱

01 그림과 같이 완성하고, 방향 키를 사용하여 꿀벌이 꽃까지 찾아가도록 만들어 봅니다.

[예제파일] 꿀벌여행.ent

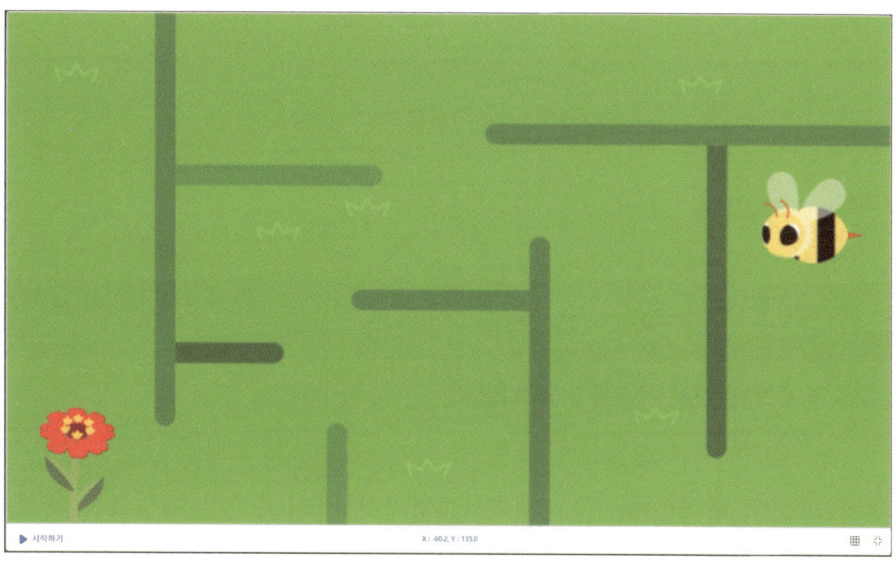

02 고양이가 사탕에 닿으면 처음 시작점으로 돌아가도록 만들어 봅니다.

[예제파일] 고양이사탕.ent

07강 사라진 박쥐친구

학습 목표
- 특정 오브젝트에 닿으면 사라지는 오브젝트를 만들어 봅니다.
- 특정 오브젝트에 닿으면 소리가 나도록 만들어 보아요.

[완성파일] 사라진박쥐친구.ent

01 사라지는 오브젝트 만들기

특정 오브젝트에 닿으면 사라지는 오브젝트를 만들어 봅니다.

01 '6강 박쥐친구를 구하라!'를 실행합니다. [오브젝트 목록]에서 '박쥐(1)' 오브젝트를 선택하고 [흐름]의 [계속 반복하기]를 블록 조립소에 드래그하여 연결합니다.

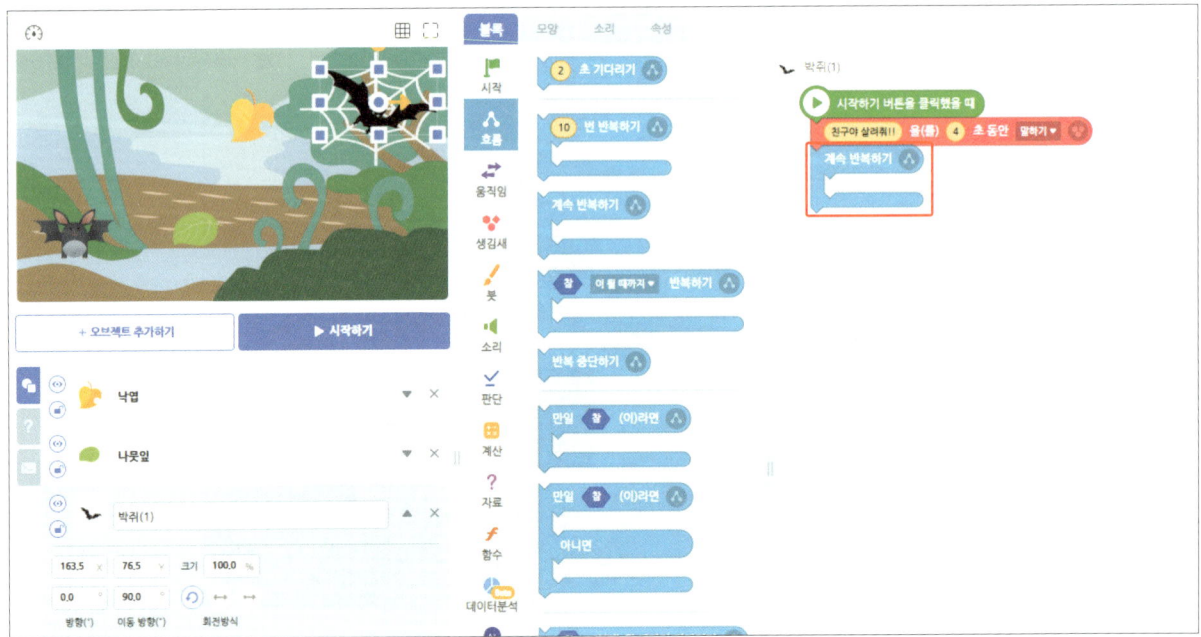

02 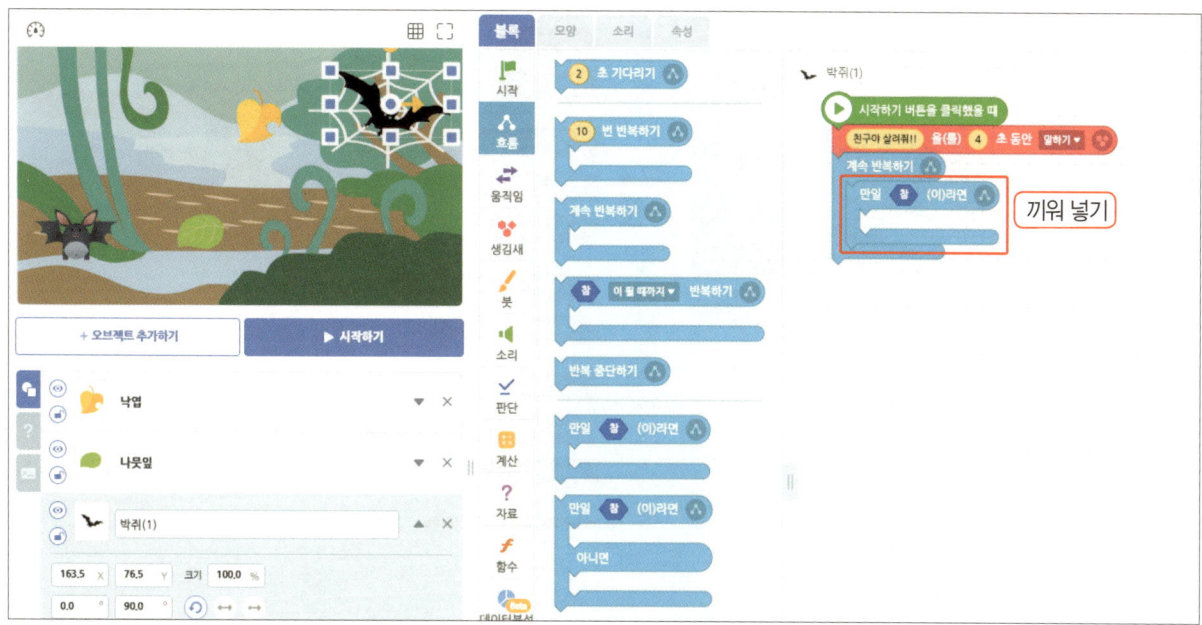의 만일 참 이라면 을 블록 조립소에 드래그하여 끼워 넣어 연결합니다.

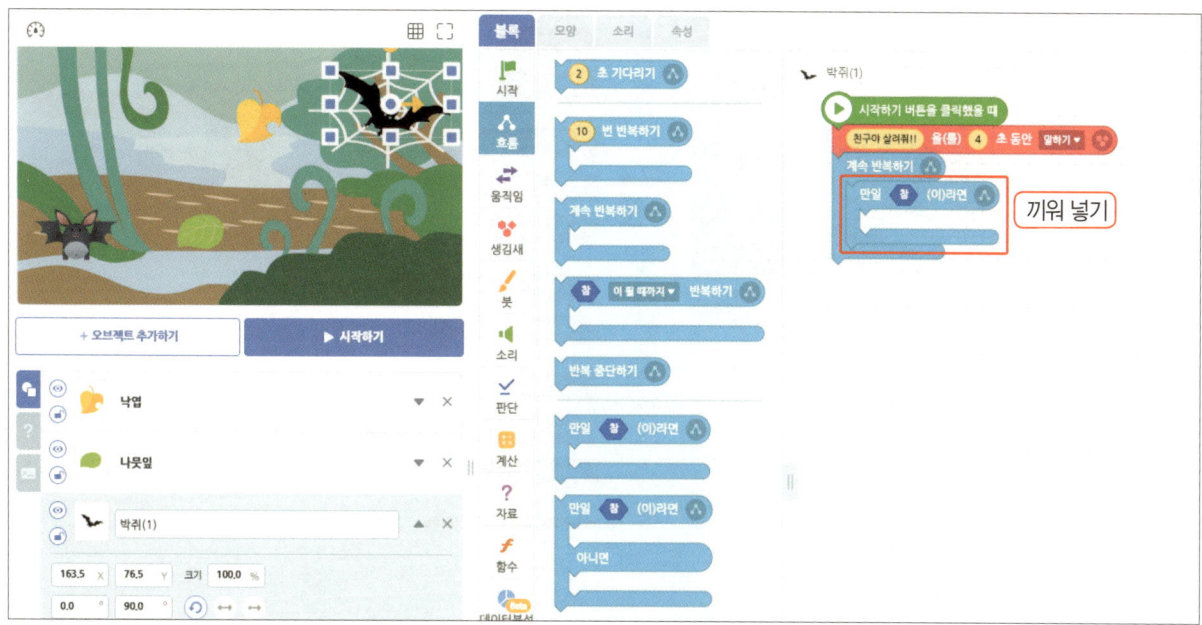

03 만일 참 이라면 의 참 위치에 판단 의 마우스포인터 에 닿았는가? 를 끼워 넣습니다. 마우스포인터를 클릭하고 '박쥐(2)'를 선택합니다.

04 생김새의 모양숨기기를 블록 조립소에 드래그하여 연결합니다.

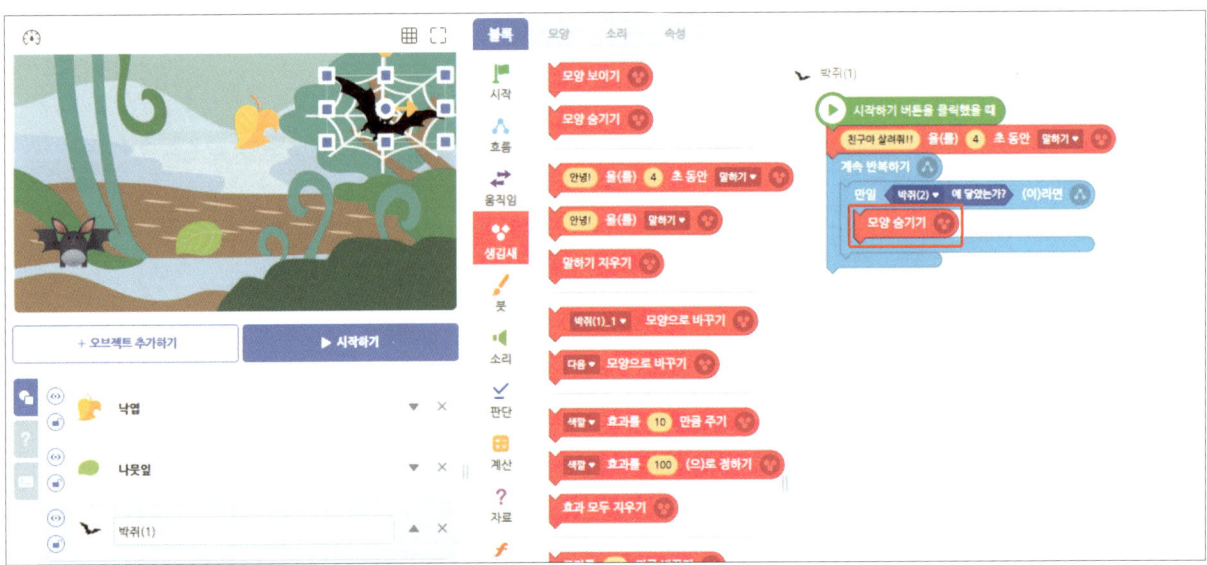

02 특정 오브젝트에 닿으면 소리나기

특정 오브젝트에 닿으면 소리가 나도록 만들어 봅니다.

01 [블록 꾸러미]의 소리에서 소리 추가하기를 클릭하고, [사물]에서 '총 소리3'을 추가하기 합니다.

02 [블록 꾸러미]에 '총 소리3'이 추가되었는지 확인합니다.

03 의 를 블록 조립소에 드래그하여 연결합니다.

혼자서 똑딱똑딱

01 다음 그림을 완성하고, 엔트리봇이 오른쪽 화살표 키를 사용하여 이동방향으로 이동하도록 만들어 봅니다. 엔트리봇이 이동하면서 닿은 오브젝트는 사라지도록 만들어 봅니다.

[예제파일] 보물획득.ent

02 다음 그림을 완성하고, 소리를 추가하여 스페이스 키를 누르면 늑대 울음소리가 나고 컨트롤 키를 누르면 강아지 짖는 소리가 나도록 만들어 봅니다.

[예제파일] 한밤의합창.ent

08강 봄의 마술

학습목표
- 오브젝트의 중심점을 이동해 봅니다.
- 오브젝트의 중심점을 기준으로 회전하여 예쁜 꽃을 만들어 봅니다.

📁 [완성파일] 봄의마술.ent

01 오브젝트의 중심점 이동하기

오브젝트의 중심점을 이동해 봅니다.

01 오브젝트 추가하기()를 클릭하고 '분홍 꽃잎', '노란 꽃잎' 오브젝트와 배경에 '들판(3)' 오브젝트를 추가하기 합니다. 원하는 위치와 크기로 조절을 합니다.

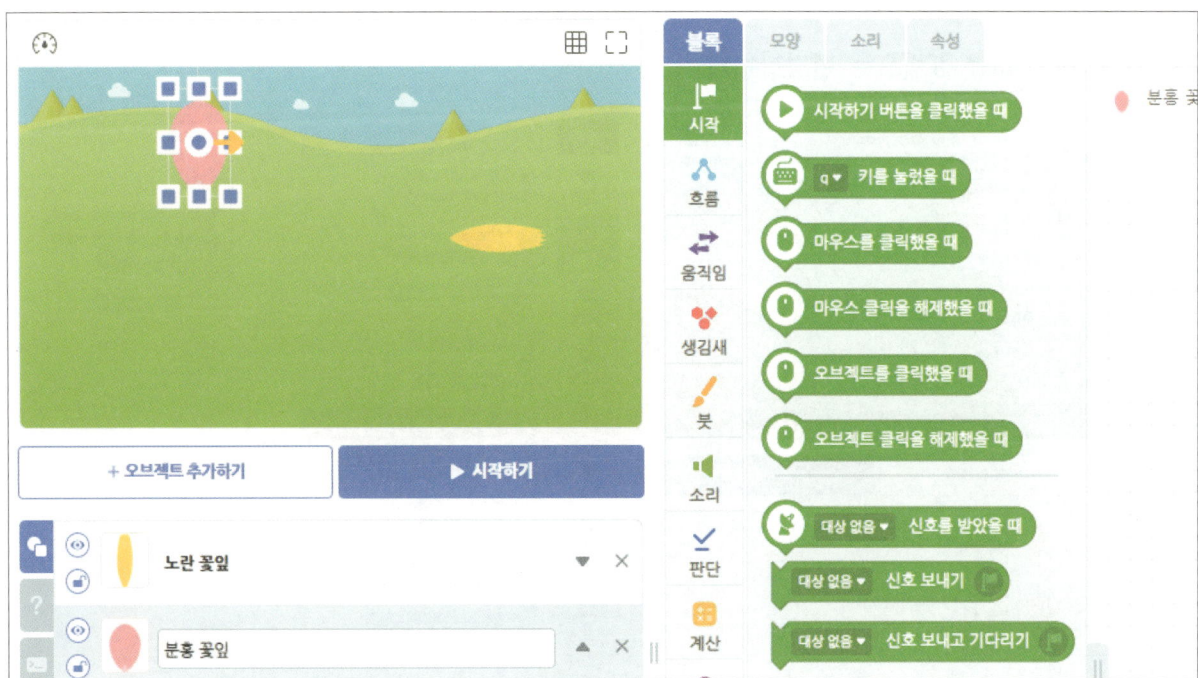

02 '분홍 꽃잎' 오브젝트를 선택하고, 중심점을 가운데에서 꽃잎의 끝 쪽에 이동시킵니다.

02 오브젝트의 중심점을 기준으로 회전하여 예쁜 꽃 만들기

오브젝트의 중심점을 기준으로 회전하여 예쁜 꽃을 만들어 봅니다.

01 시작 의 시작하기 버튼을 클릭했을 때 와 흐름 의 10번 반복하기 의 블록을 블록 조립소에 드래그하여 연결하고 반복하기 값을 '5'번으로 변경합니다.

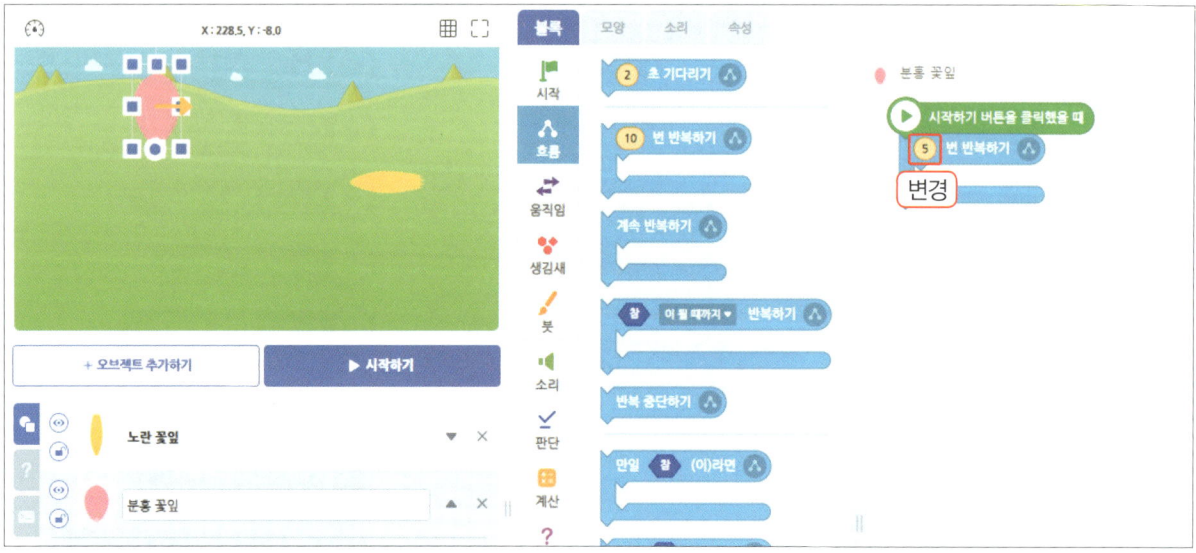

02 붓의 도장찍기 와 움직임의 방향을 90° 만큼 회전하기 를 블록 조립소 5 번 반복하기 사이에 끼워 넣고 회전값을 '90'도에서 '60'도로 변경합니다.

03 '분홍 꽃잎' 오브젝트를 선택한 블록 조립소의 코딩을 [코드 복사]하고, '노란 꽃잎' 오브젝트를 선택하여 블록 조립소에 [붙여넣기] 합니다. '노란 꽃입' 오브젝트의 중심점을 이동합니다.

04 반복하기 횟수를 '**4**'번으로 변경하고, 방향값을 '**75**'도로 변경합니다.

05 　의 　색깔 효과를 10 만큼 주기 　를 블록 조립소에 드래그하여 연결합니다. 꽃이 피는 속도 조절을 위해 　의 　2 초 기다리기 　를 블록 조립소에 드래그하여 연결하고, '**0.5**'로 값을 변경합니다.

 **TIP**

블록 꾸러미의 　의 　색깔 효과를 10 만큼 주기 　의 블록은 색깔을 마우스로 클릭하면 색깔뿐만 아니라 밝기, 투명도를 선택할 수 있습니다. 다양한 방법으로 오브젝트에 효과를 줄수 있습니다.

혼자서 똑딱똑딱

01 다음 그림을 완성하고, 노란 꽃잎이 10장인 꽃이 되도록 만들어 봅니다.

[예제파일] 노란꽃잎10장.ent

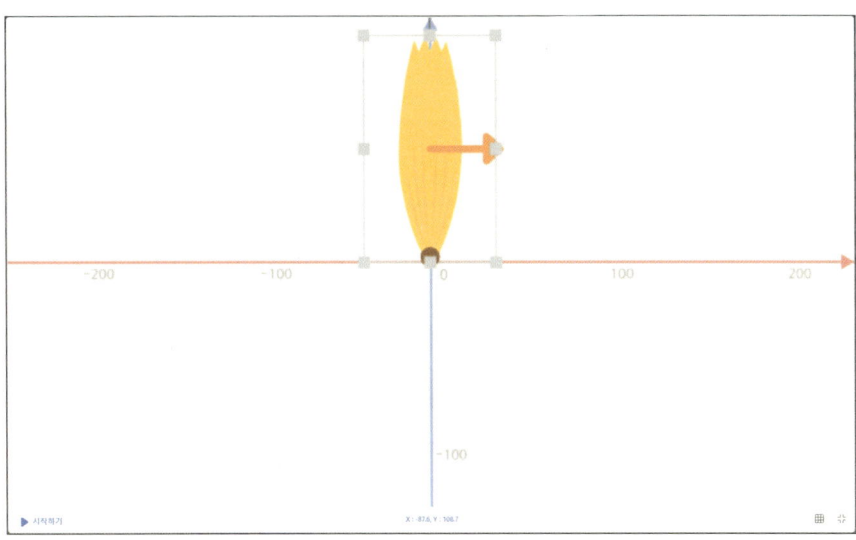

02 '벚꽃' 오브젝트의 중심점을 이동해 회전하고 투명도 효과를 사용해서 다음 그림과 같이 완성해 봅니다.

[예제파일] 벚꽃.ent

09강 구름낀 하늘

학습 목표
- 마우스포인터를 따라 움직이는 오브젝트를 만들어 봅니다.
- 특정키를 사용해 다양한 오브젝트를 도장찍기로 표현해 봅니다.

[완성파일] 구름낀하늘.ent

01 마우스포인터를 따라 움직이는 오브젝트 만들기

마우스포인터를 따라 움직이는 오브젝트를 만들어 보아요.

01 오브젝트 추가하기(+오브젝트 추가하기)를 클릭하고 '구름(4)' 오브젝트와 [배경]에 '날씨' 오브젝트를 추가하기 합니다.

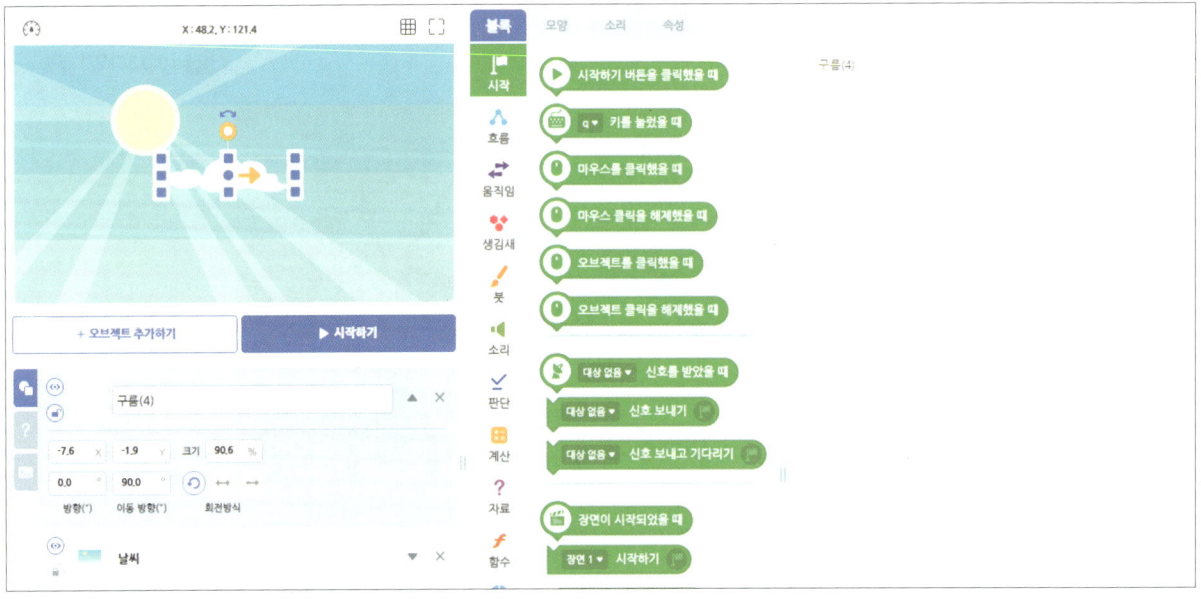

02 '구름(4)' 오브젝트를 선택하고 시작 의 시작하기 버튼을 클릭했을 때 와 흐름 의 계속 반복하기, 움직임 의 구름(4)▼ 위치로 이동하기 를 드래그하여 연결합니다. '구름(4)'를 클릭하고 **마우스포인터**로 선택합니다.

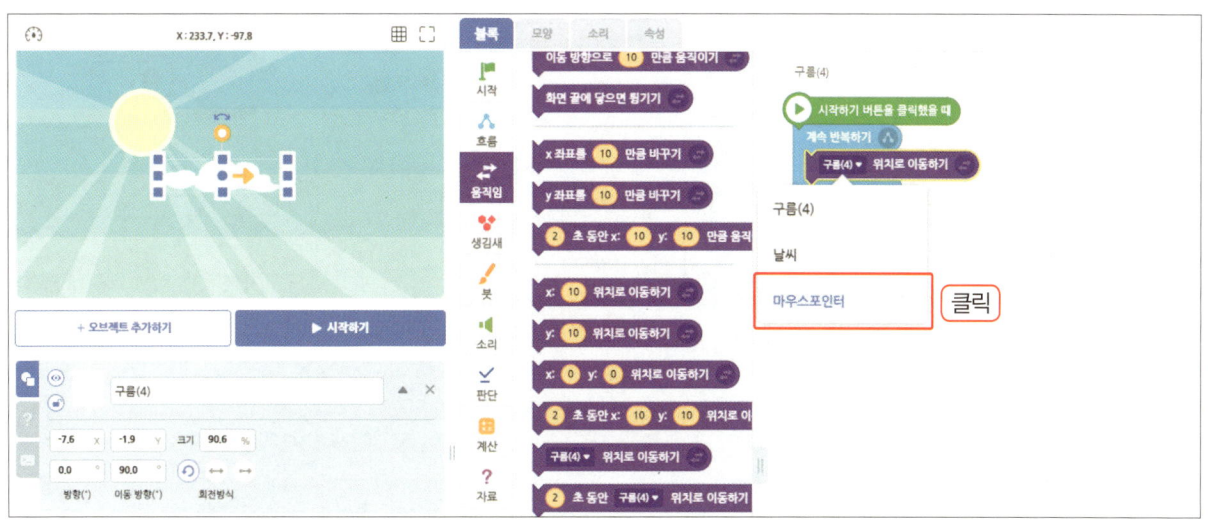

02 특정키를 사용한 다양한 오브젝트 도장찍기

특정키를 사용해 다양한 오브젝트로 도장찍기를 만들어요.

01 '구름(4)' 오브젝트를 선택하고 시작 의 마우스를 클릭했을 때 와 붓 의 도장 찍기 를 블록 조립소에 드래그하여 연결합니다.

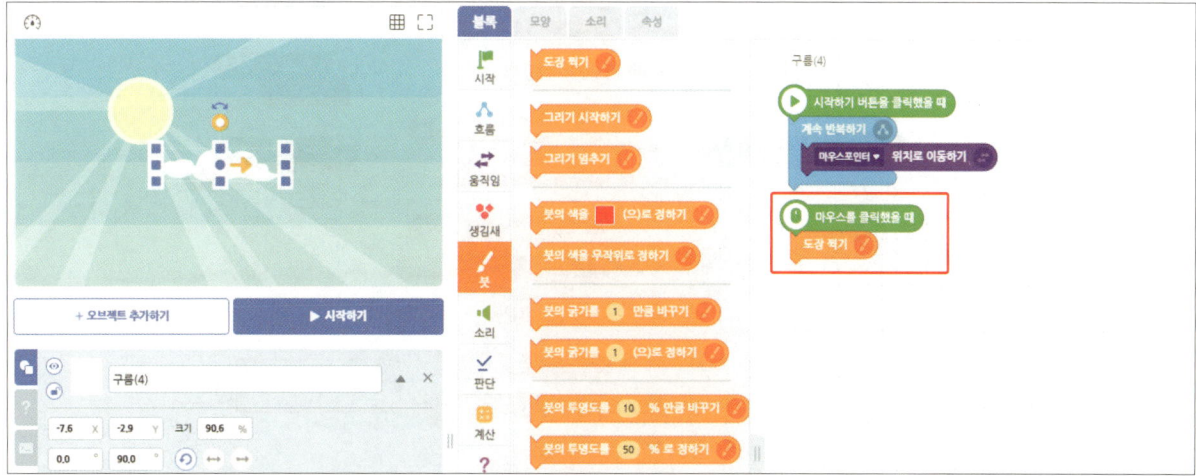

02 다양한 구름의 모양을 표현하기 위해서 [모양] 탭에 모양 추가하기 를 클릭하고 '구름(3)', '먹구름(1)', '먹구름(2)' 오브젝트를 추가합니다.

03 의 키를 눌렀을 때 와 의 다음 모양으로 바꾸기 를 블록 조립소에 드래그하여 연결하고 q 에 마우스 버튼을 눌러 **스페이스키**로 변경합니다.

04 ![시작] 의 ![q키를 눌렀을 때] 와 ![생김새] 의 ![크기를 10 만큼 바꾸기] 를 블록 조립소에 드래그하여 연결하고 ![q▼] 에 마우스 버튼을 눌러 **오른쪽 화살표**키로 변경합니다.

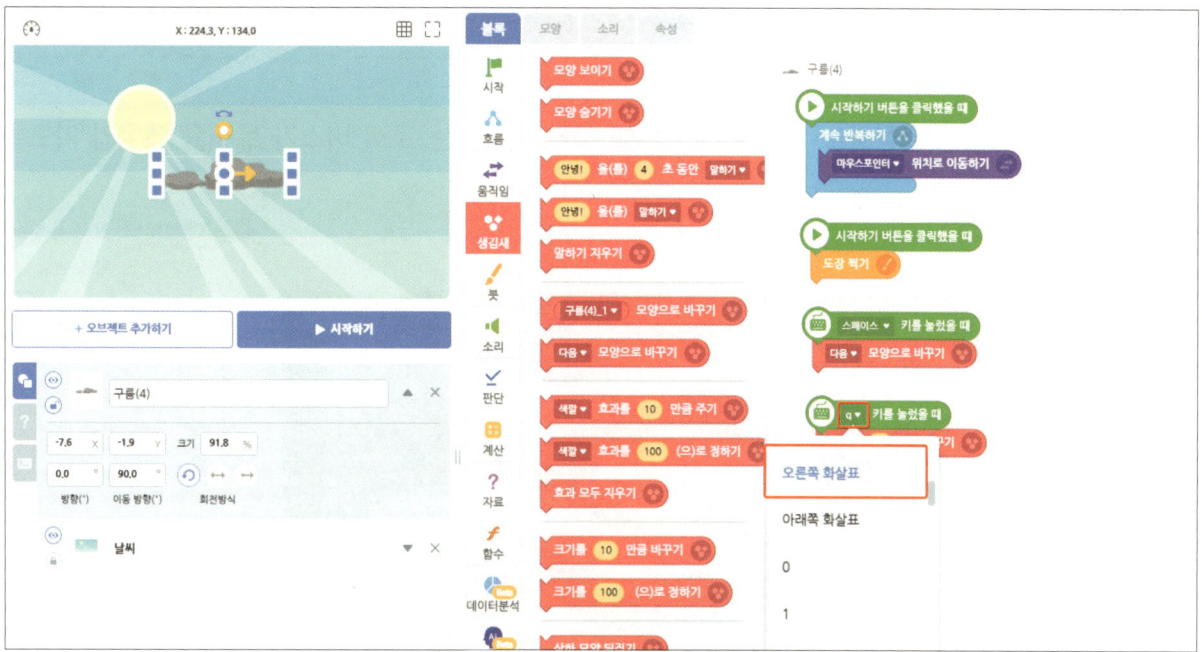

05 ![시작] 의 ![q키를 눌렀을 때] 와 ![생김새] 의 ![크기를 10 만큼 바꾸기] 를 블록 조립소에 드래그하여 연결합니다. ![q▼] 에 마우스 버튼을 눌러 **왼쪽 화살표**키로 변경하고, 크기 값을 10에서 '-10'으로 변경합니다.

혼 자서 똑딱똑딱

01 다음 그림을 완성하고, 마우스포인터를 따라 움직이는 토끼 버스가 토끼를 태우러 가도록 이동해 봅니다.

[예제파일] 토끼버스.ent

02 마우스포인터를 사용하고 마우스를 클릭했을 때 도장찍기로 버섯을 여러 개 만들어 다음 그림처럼 완성해 봅니다.

[예제파일] 버섯도장.ent

10강 낙서금지

학습 목표
- 그림판에서 빨간 분필 모양을 만들어 추가하고 마우스포인터를 따라 움직이도록 만들어 봅니다.
- 마우스를 클릭했을 때 그리고, 마우스 클릭을 해제하면 그리기가 멈추도록 만들어 봅니다.

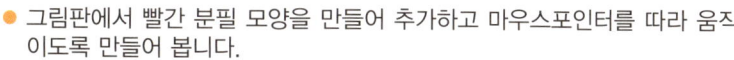
[완성파일] 낙서금지.ent

01 그림판에서 빨간 분필 만들어 움직이기

그림판에서 빨간 분필 모양을 만들어 추가하고 마우스포인터를 따라 움직이도록 해 봅니다.

01 오브젝트 추가하기(+ 오브젝트 추가하기)를 클릭하고, [새로 그리기]를 클릭합니다.

02 그림판에 [네모]를 클릭하고 '윤곽선 색상'과 '채우기 색상'을 선택합니다.

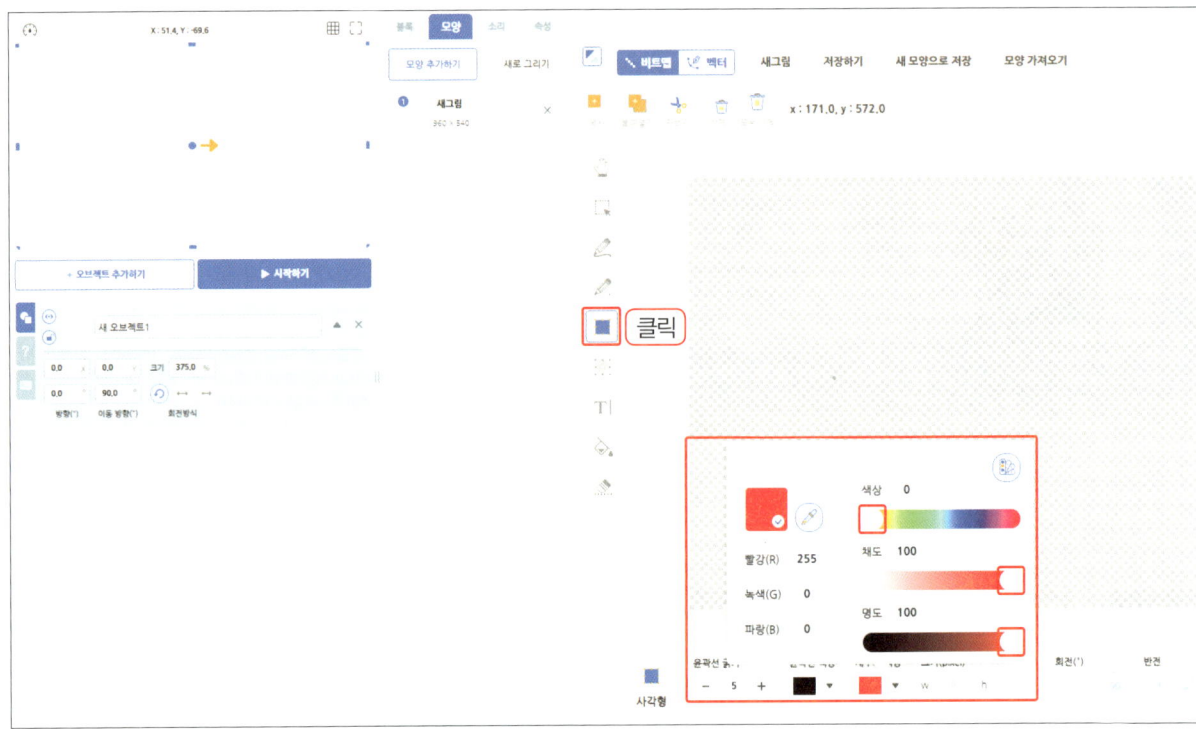

03 그리기 판에 마우스를 드래그하여 분필 모양을 만들고 [저장하기]를 클릭합니다.

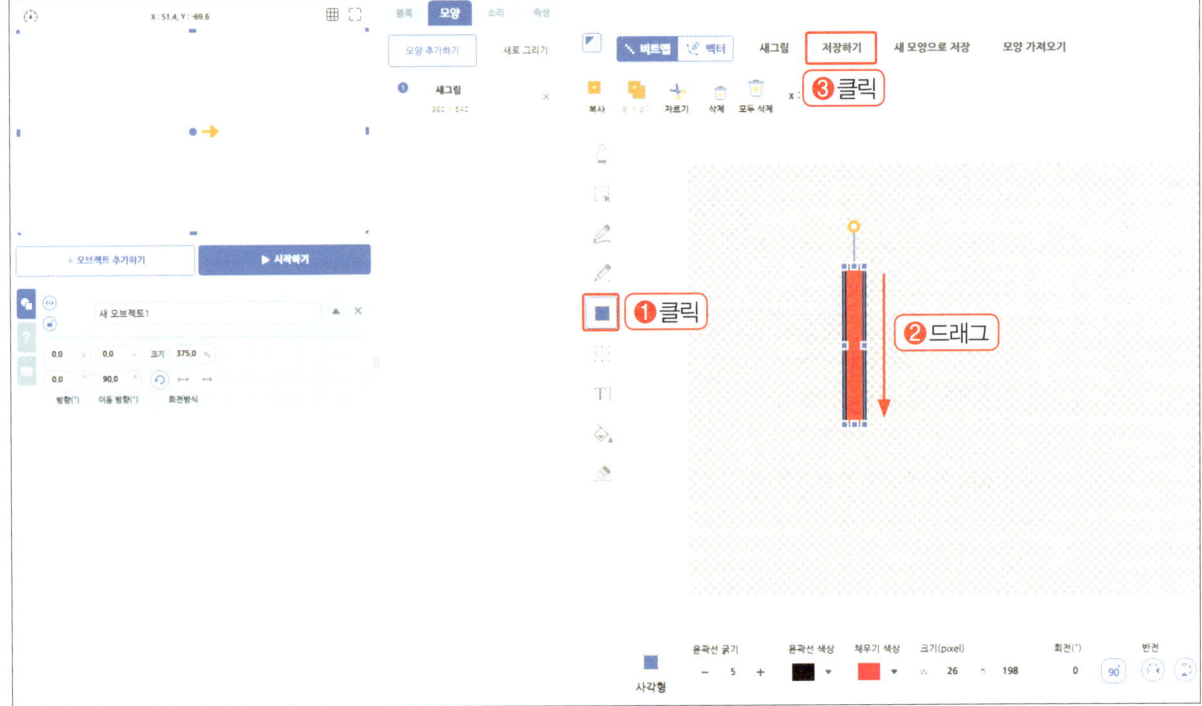

04 오브젝트 추가하기(+오브젝트 추가하기)를 클릭하고 배경에 '칠판' 오브젝트를 추가하기 합니다.

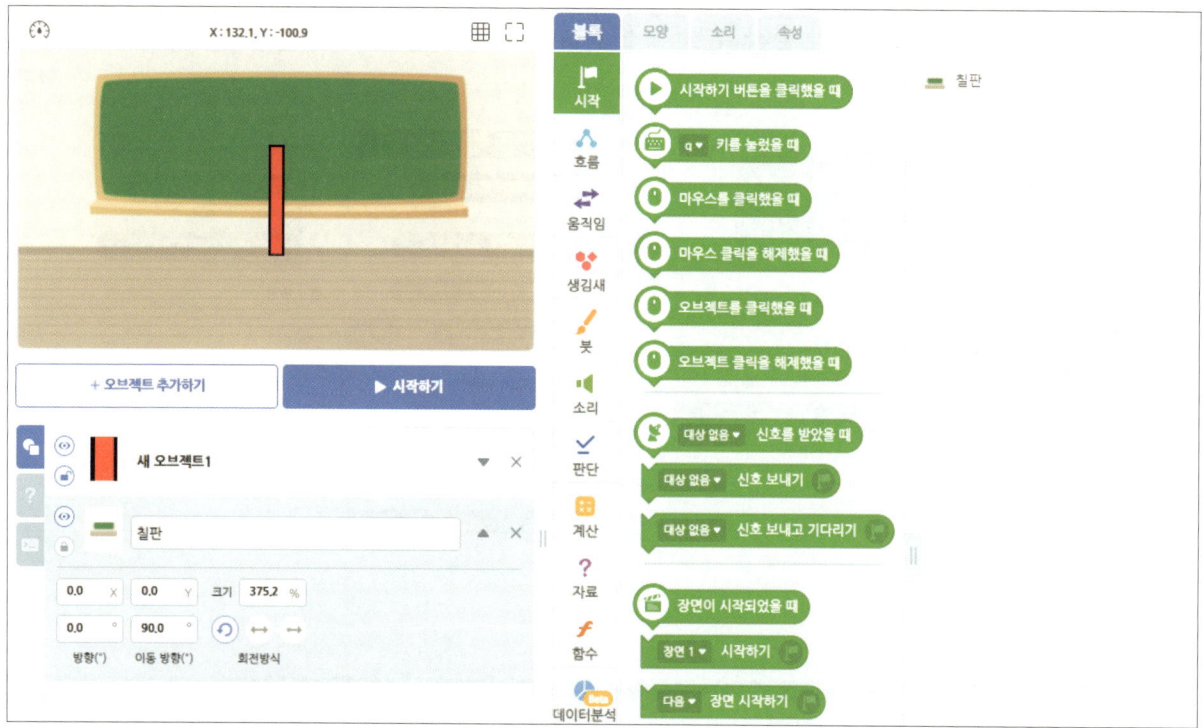

05 [오브젝트 목록]의 '새 오브젝트1'을 '빨간 분필'로 이름을 변경하고, 중심점을 '빨간 분필' 오브젝트의 끝으로 이동합니다. 크기와 위치를 원하는 만큼 조정합니다.

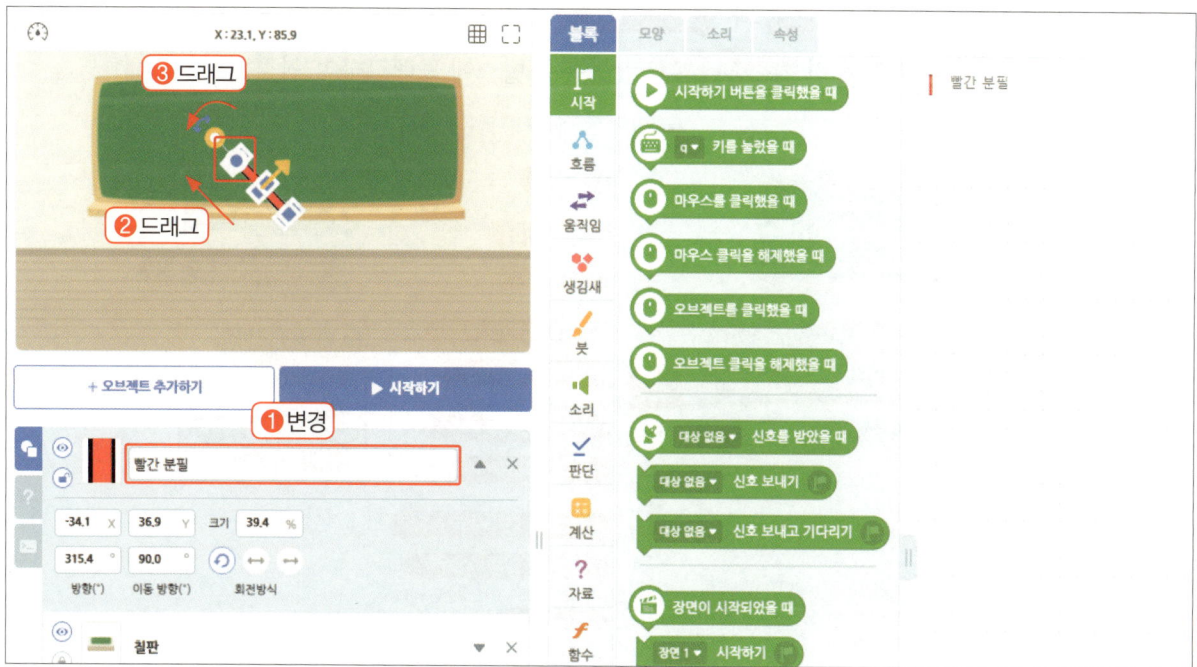

06 ![시작] 의 ![시작하기 버튼을 클릭했을 때] 와 ![흐름] 의 ![계속 반복하기], ![움직임] 의 ![빨간 분필▼ 위치로 이동하기] 를 블록 조립소에 드래그하여 연결합니다. '빨간 분필'을 클릭하고 **마우스포인터**를 선택합니다.

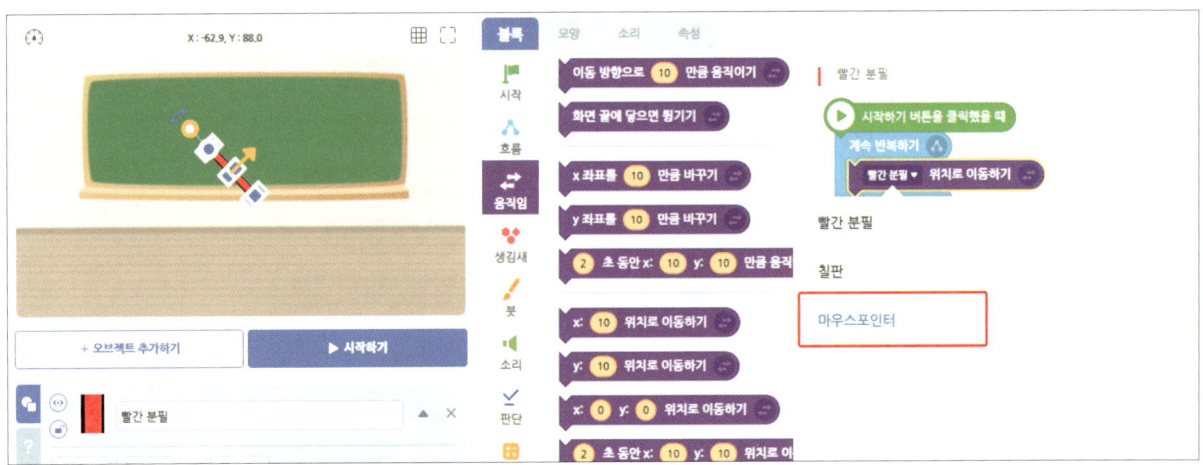

02 마우스를 클릭하면 그리고, 해제하면 그리기를 멈추기

마우스를 클릭했을 때 그리고, 마우스 클릭을 해제하면 그리기가 멈추도록 해 봅니다.

01 ![시작] 의 ![마우스를 클릭했을 때] 와 ![붓] 의 ![그리기 시작하기] 를 블록 조립소에 드래그하여 연결하고, ![시작] 의 ![마우스 클릭을 해제했을 때] 와 ![붓] 의 ![그리기 멈추기] 를 블록 조립소에 드래그하여 연결해요.

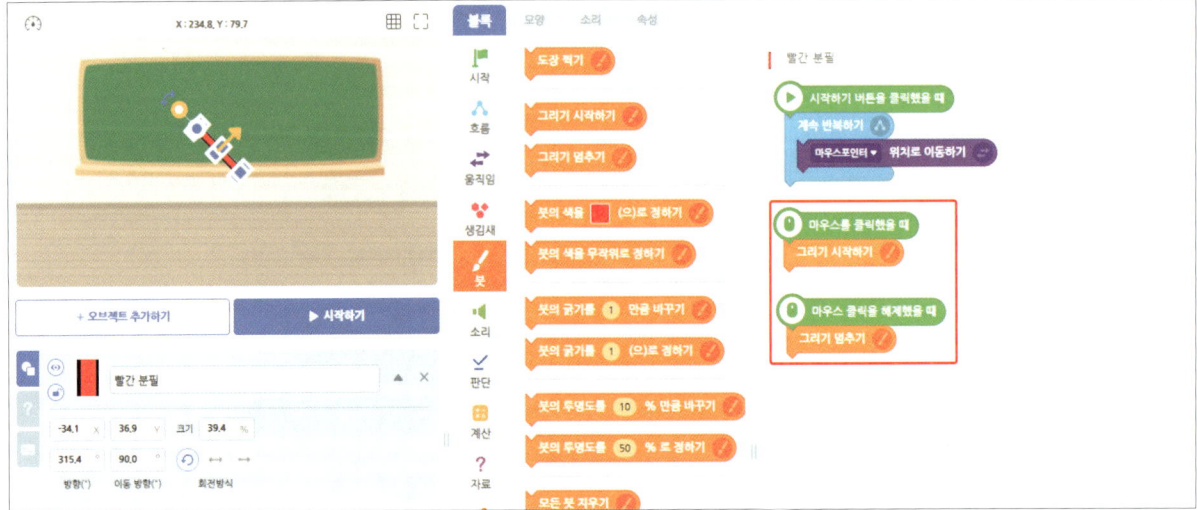

혼자서 똑딱똑딱

01 오브젝트 추가하기()에 [새로 그리기]의 그림판을 사용하여 나만의 오브젝트를 만들고 이름도 변경해 봅니다.

📁 [예제파일] 내친구로봇.ent

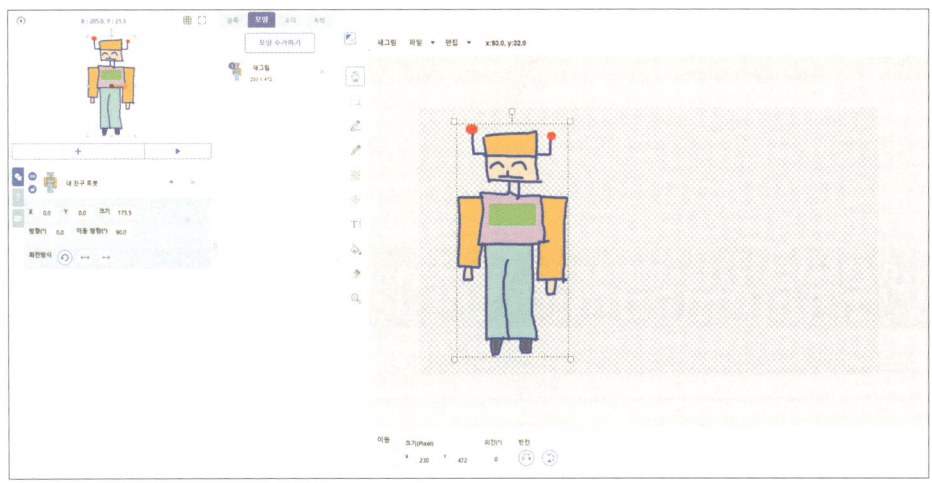

02 '내가 만든 오브젝트'가 마우스포인터를 따라 움직일 때마다 흔적이 남도록 만들어 봅니다.

📁 [예제파일] 내친구로봇흔적.ent

57

11강 학교종이 땡땡땡

학습 목표
- 피아노 건반 오브젝트에 도에서 라까지 소리가 나도록 만들어 봅니다.
- [오브젝트 목록] 창에서 피아노 건반을 복제하여 나머지 건반에 적용해 봅니다.
- 누른 건반이 커졌다가 작아지도록 만들어 봅니다.

[완성파일] 학교종이땡땡땡.ent

01 피아노 건반 오브젝트에 도~라까지 소리 나도록 만들기

피아노 건반 오브젝트에 도~라까지 소리가 나도록 만들어 봅니다.

01 오브젝트 추가하기(+ 오브젝트 추가하기)에서 '피아노 건반' 오브젝트와 [배경]에서 '피아노 배경' 오브젝트를 추가하기 해요. '피아노 건반' 오브젝트를 선택하고 드래그하여 건반의 '도' 위치에 놓습니다. [오브젝트 목록]에 이름을 '**도**'로 변경합니다.

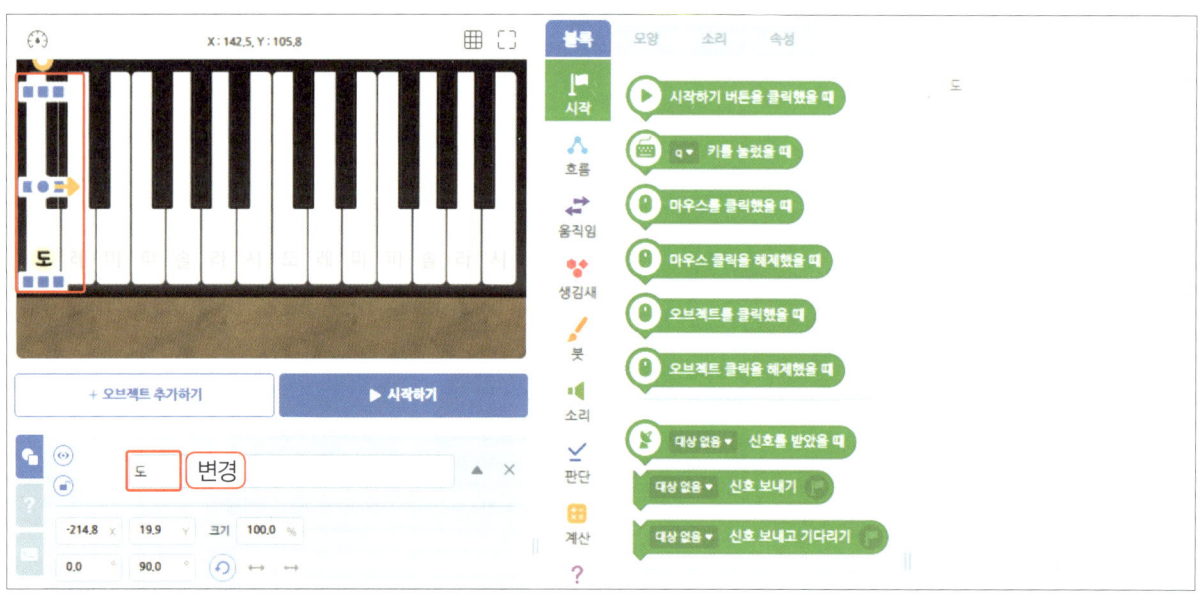

58

02 [소리] 탭에서 소리 추가하기 를 클릭하고, '**피아노_04도**'에서 '**피아노_09라**'까지 추가하기 합니다.

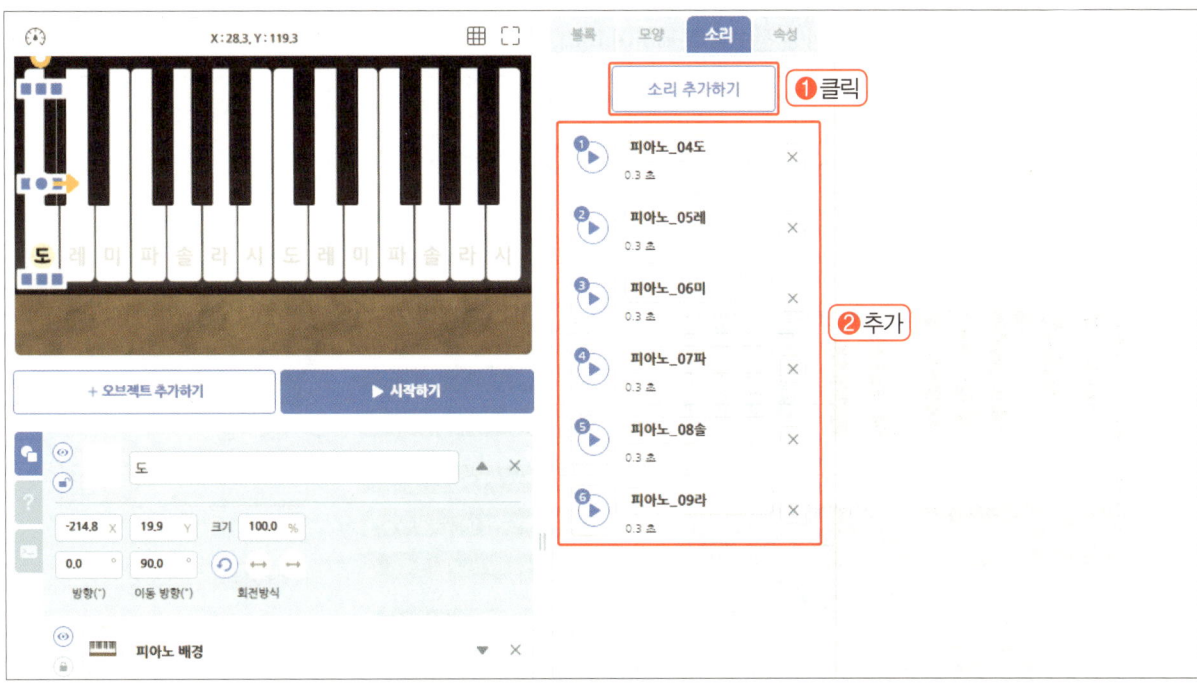

03 [오브젝트 목록]의 '도'를 선택하고 시작 의 오브젝트를 클릭했을 때 와 소리 의 소리 피아노_04도▼ 재생하기 를 드래그하여 블록 조립소에 연결합니다.

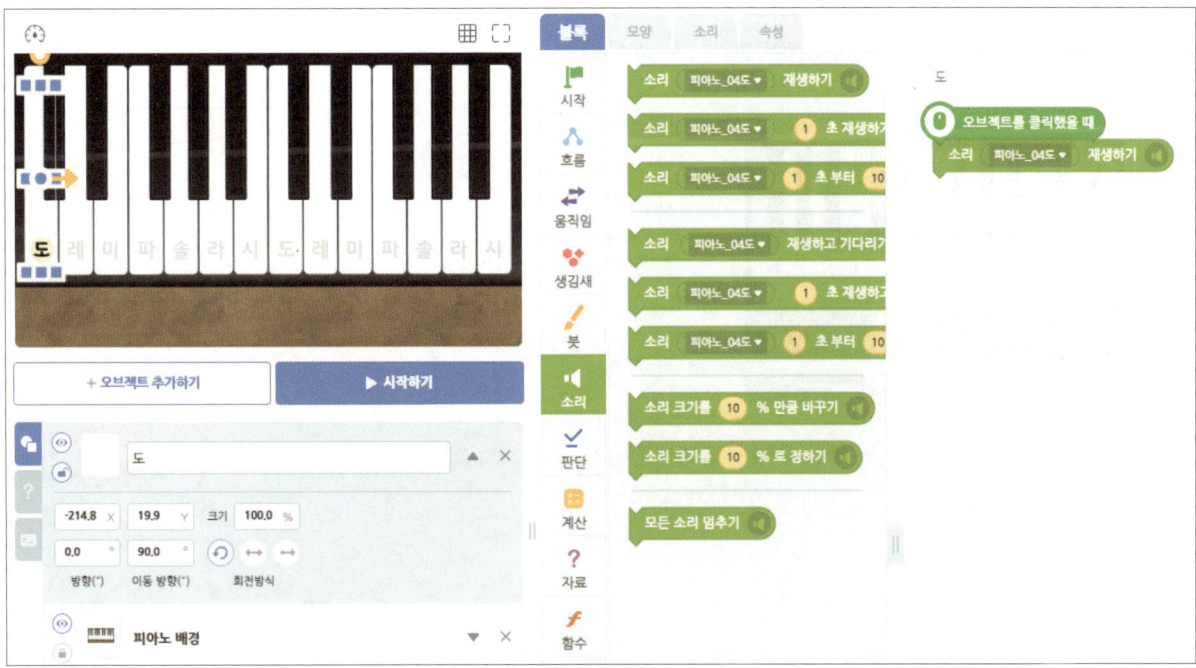

02 오브젝트 복제하고 적용하기

[오브젝트 목록] 창에서 피아노 건반을 복제하여 나머지 건반에 적용해 봅니다.

01 [오브젝트 목록]에서 '도'를 복제하고 '도1'을 '레'로 변경합니다. 실행 화면의 '도'를 드래그하여 '레'자리로 이동 후 블록 조립소의 소릿값을 '**피아노-05레**'로 선택합니다.

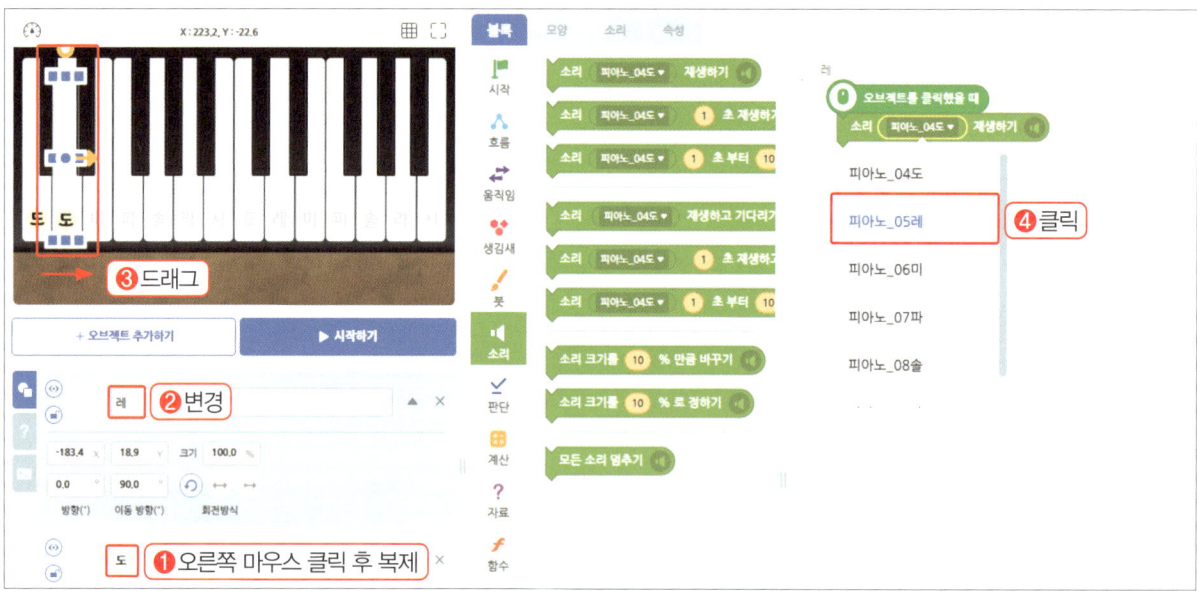

02 [모양]탭을 클릭하고 '**피아노건반_레**'를 선택합니다.

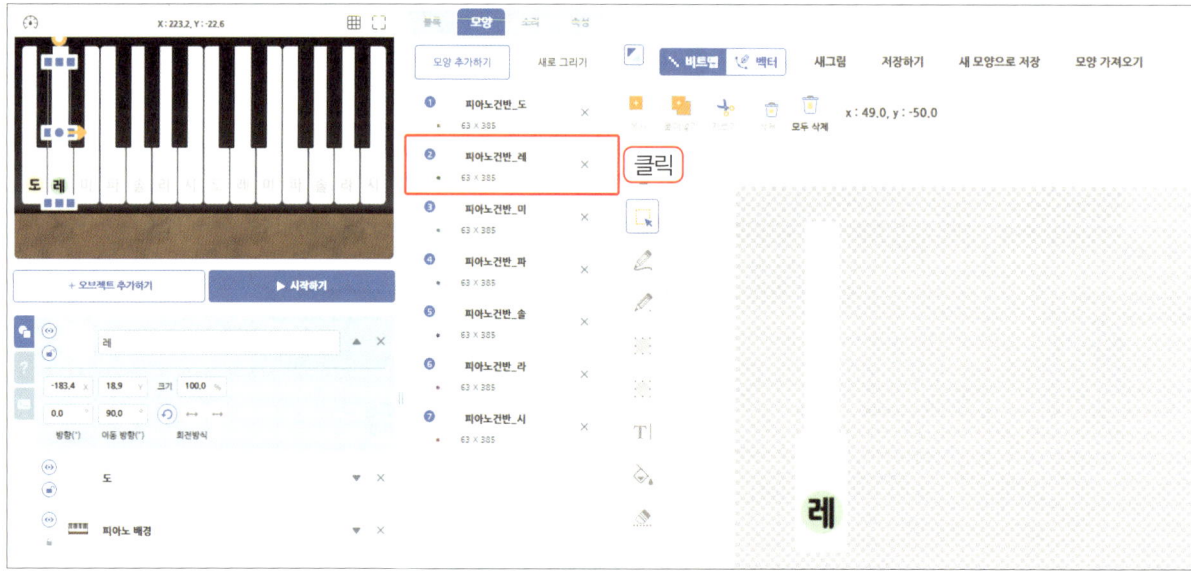

03 같은 방법으로 '미', '파', '솔', '라'의 오브젝트를 만들어 음에 맞는 소리가 나도록 만듭니다.

03 누른 건반 크기 변하기

누른 건반이 커졌다가 작아지도록 만들어 봅니다.

01 '도' 오브젝트를 선택하고 생김새 의 크기를 10 만큼 바꾸기, 흐름 의 2 초 기다리기 와 생김새 의 크기를 10 만큼 바꾸기를 선택하고 드래그하여 블록 조립소에 연결합니다. '2'초 값을 '0.1초'로 마지막 블록의 크기 값을 '-10'으로 변경하고 '레-라' 건반에도 [코드 복사]해서 붙여넣기 합니다.

02 '솔솔 라라 솔솔미', '솔솔 미미레', '솔솔 라라 솔솔미', '솔미레미도'를 연주해 봅니다.

혼자서 똑딱똑딱

01 '도레미파솔라시도'까지 오브젝트를 클릭하면 맞는 음이 나오도록 만들어 봅니다.

[예제파일] 피아노건반.ent

02 다음 그림을 완성하고, 각각의 오브젝트에 어울리는 소리를 추가하고 오브젝트를 누르면 크기가 커졌다가 작아지도록 만들어 봅니다.

[예제파일] 공원공연.ent

12강 탐험가 엔트리봇의 순간이동

학습 목표
- 장면을 추가해 봅니다.
- 원하는 장면으로 이동하도록 만들어 봅니다.

[완성파일] 엔트리봇의순간이동.ent

01 장면 추가하기

장면을 추가해 봅니다.

01 오브젝트 추가하기()에서 '파일럿 엔트리봇' 오브젝트와 [배경]에 '설원' 오브젝트를 추가하기 하고 상단 메뉴 [장면1] 옆에 ➕ 를 클릭합니다.

02 상단 메뉴에 [장면2]를 클릭하고, 오브젝트 추가하기(+오브젝트 추가하기)에서 '파일럿 엔트리봇' 오브젝트와 인터페이스에 '되돌리기' 오브젝트, 배경에 '미래 도시' 오브젝트를 추가하기 합니다.

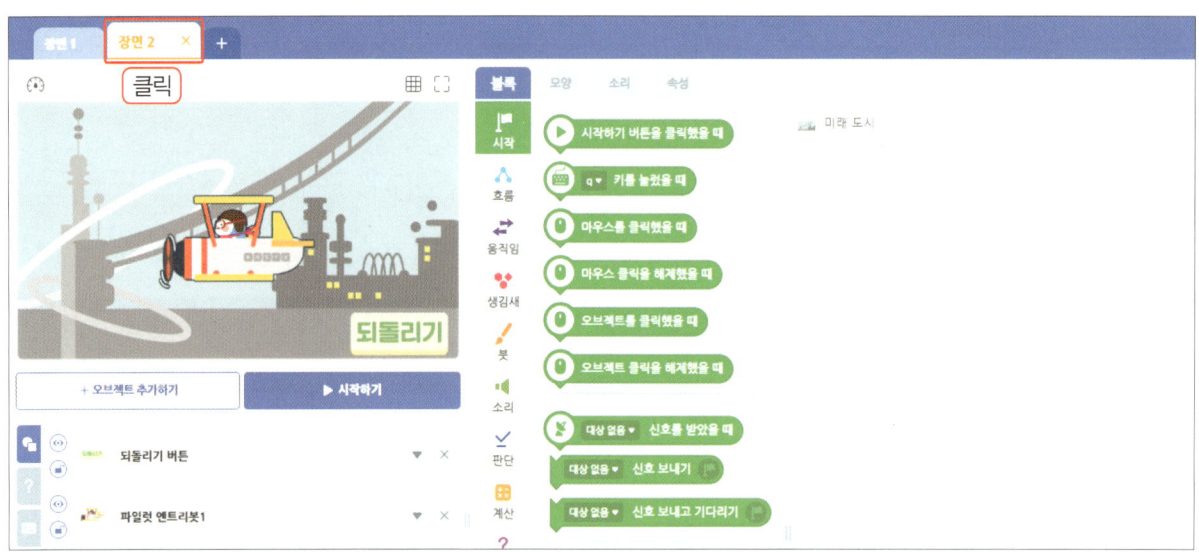

03 [장면1]을 클릭하고, '파일럿 엔트리봇' 오브젝트를 선택합니다. 시작 의 시작하기 버튼을 클릭했을 때 와 생김새 의 안녕! 을(를) 4 초 동안 말하기 를 블록 조립소에 드래그하여 연결하고, "**안녕! 나는 탐험가 엔트리봇이야.**", '**2**'초로 변경합니다.

04 흐름 의 2 초 기다리기 와 생김새 의 안녕! 을(를) 4 초 동안 말하기 를 블록 조립소에 드래그하여 연결하고, 시간 값을 '**0.2**'초로 변경하고 "**나를 클릭해봐!**"를 말하도록 변경합니다.

02 장면 이동하기

원하는 장면으로 이동하도록 만들어 봅니다.

01 ![시작] 의 ![오브젝트를 클릭했을 때] 와 ![다음 장면 시작하기] 를 블록 조립소에 드래그하여 연결합니다.

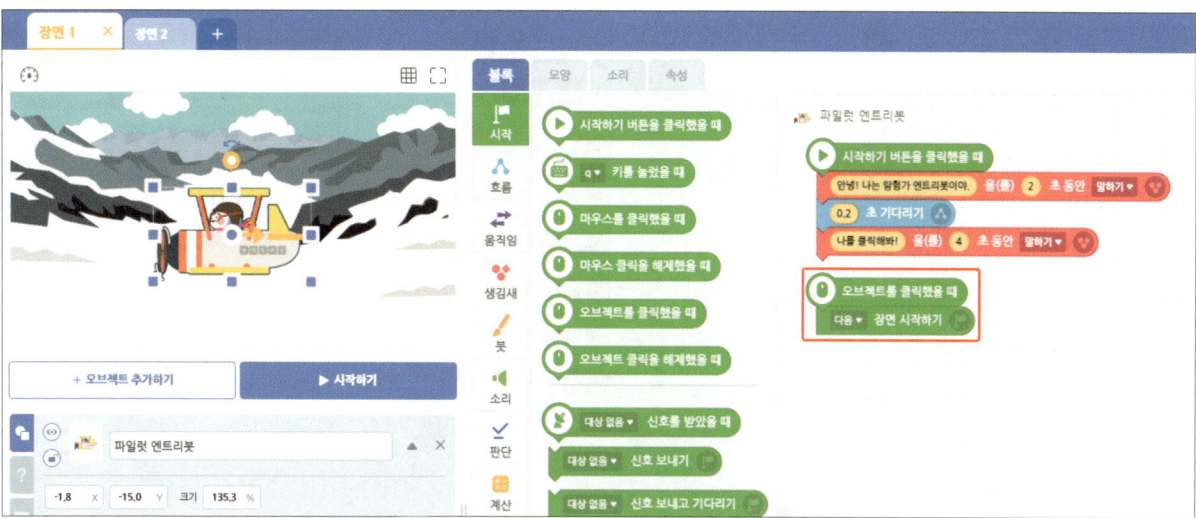

02 [장면2]를 클릭하고 '파일럿 엔트리봇1' 오브젝트를 선택하고, 이동방향과 위치를 원하는 대로 조정합니다. ![시작] 의 ![장면이 시작되었을때] 와 ![흐름] 의 ![10번 반복하기], ![움직임] 의 ![이동 방향으로 10 만큼 움직이기] 를 선택하고 드래그하여 블록 조립소에 연결한 후, 반복 회수를 '20번'으로 변경합니다.

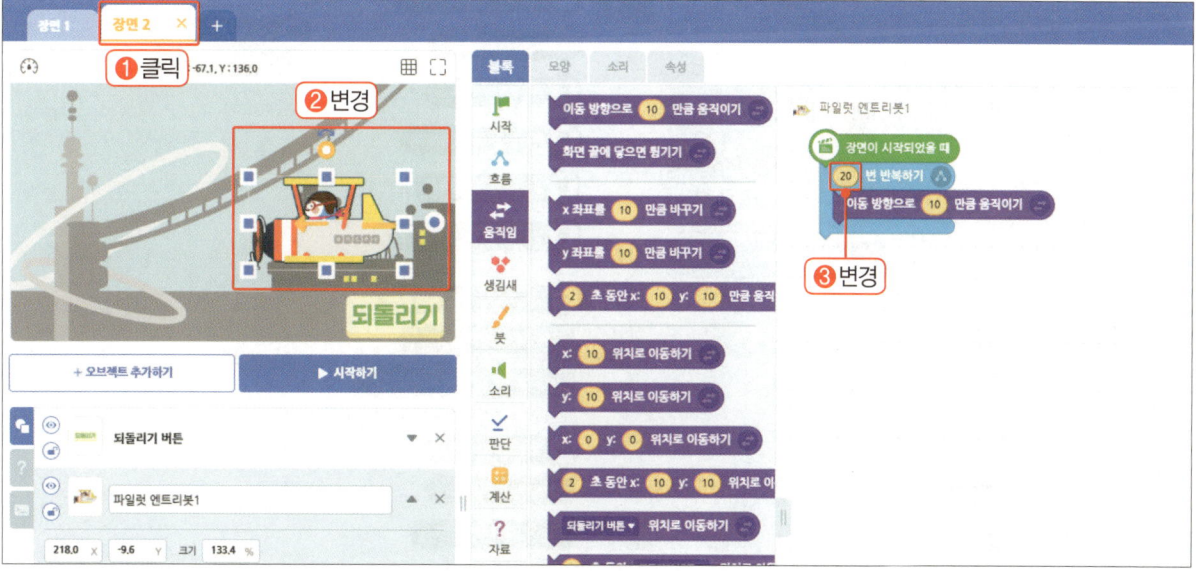

03 생김새 의 `안녕! 을(를) 4 초 동안 말하기` 와 흐름 의 `2 초 기다리기` 를 사용하여 다음처럼 말하기를 완성합니다.

04 '되돌리기' 오브젝트를 선택하고, 시작 의 `오브젝트를 클릭했을 때` 와 `장면 1 시작하기` 를 드래그하여 블록 조립소에 연결합니다.

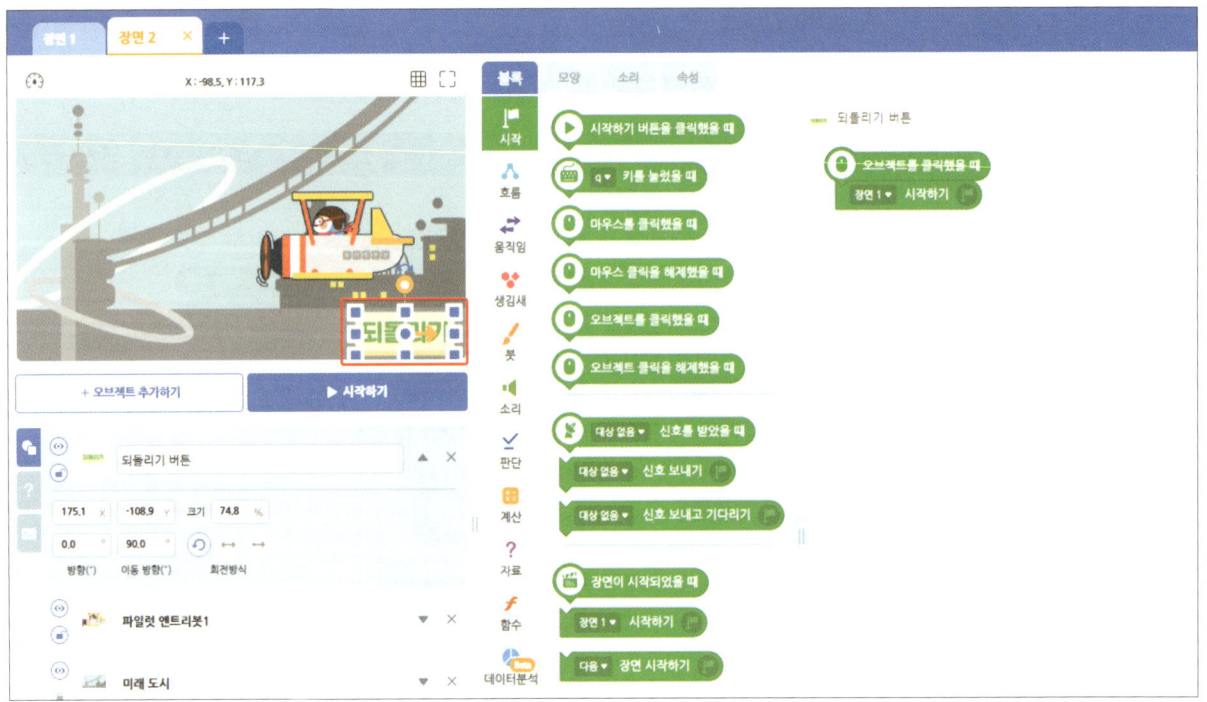

혼자서 똑딱똑딱

01 장면을 추가하여 낙타와 잘 어울리는 장면과 고래와 잘 어울리는 장면을 만들어 봅니다.

[예제파일] 낙타고래1.ent

02 ①번 그림의 낙타를 클릭하면 사막으로 고래를 클릭하면 바닷속으로 장면이 이동하도록 만들어 봅니다.

[예제파일] 낙타고래2.ent

13강 수학시험

학습 목표
- 글상자를 오브젝트에 추가해 봅니다.
- 연필 오브젝트로 여러 가지 도형을 그려봅니다

[완성파일] 수학시험.ent

01 글상자 추가하기

글상자를 오브젝트에 추가해 봅니다.

01 오브젝트 추가하기(+ 오브젝트 추가하기)에서 '선생님(2)', '연필(1)' 오브젝트와 [배경]에 '학교 배경' 오브젝트를 추가하기 합니다. 각 오브젝트의 크기를 조절하고 원하는 위치로 변경합니다.

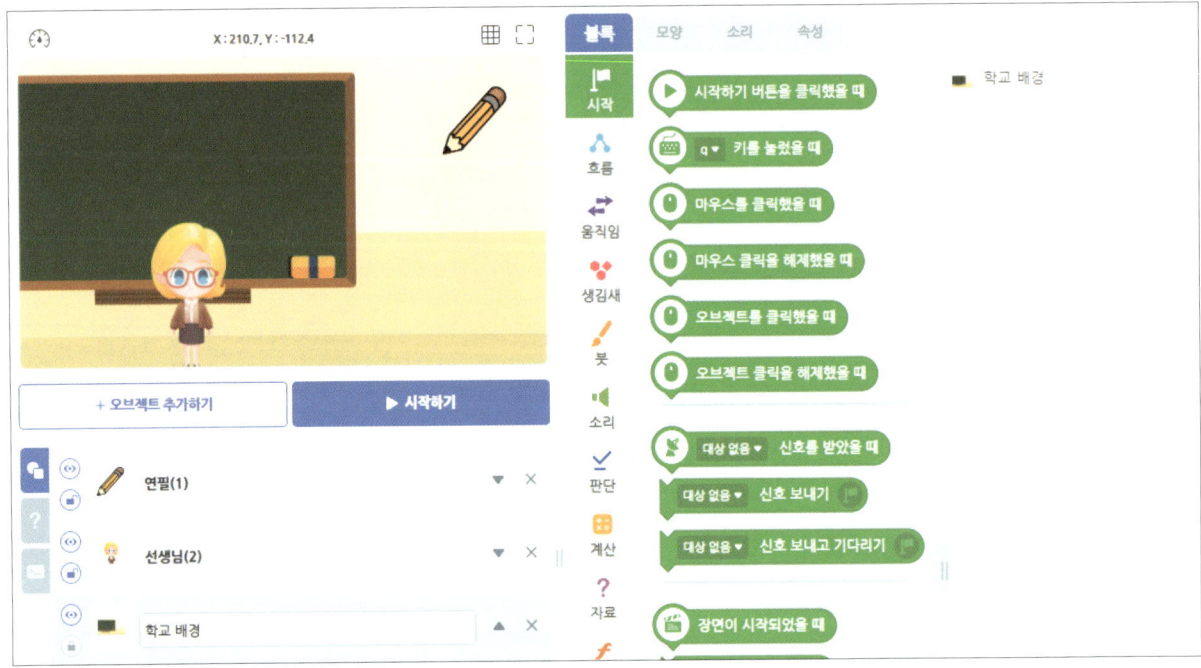

02 오브젝트 추가하기(+오브젝트 추가하기)에서 [글상자]를 클릭하고 '수학시험' 글자를 씁니다. 글씨체를 '나눔고딕체'와 '굵게'로 변경하고, 색을 '빨강'으로 변경한 후 [적용하기]를 클릭합니다.

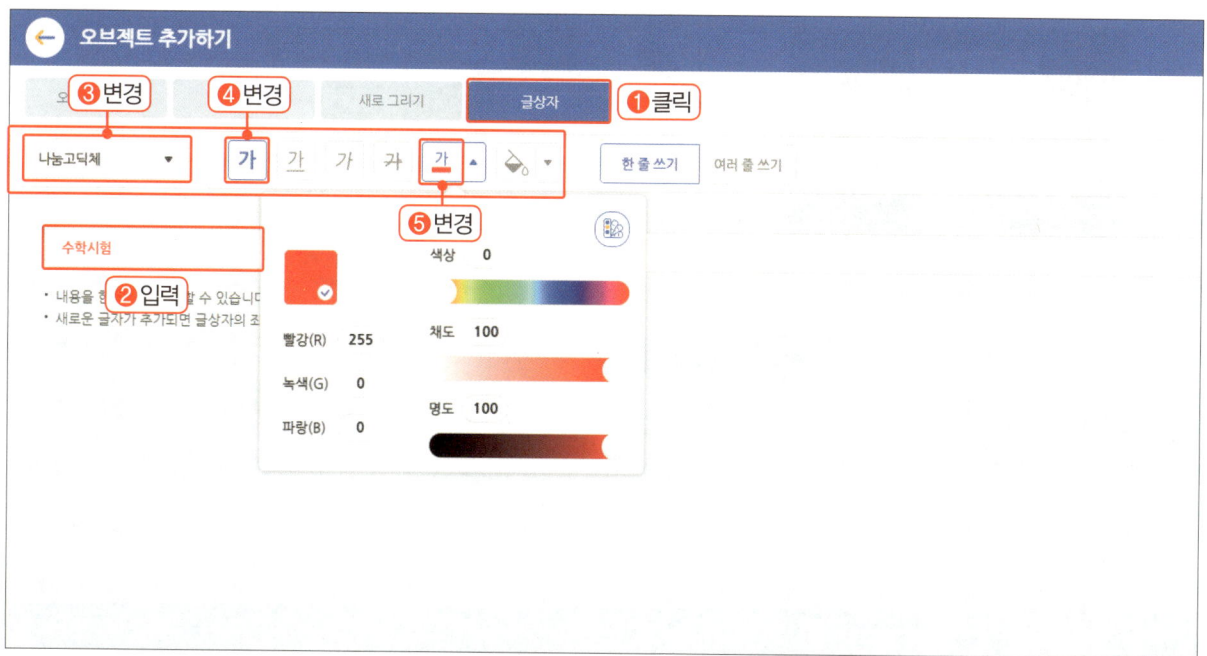

03 오브젝트 추가하기(+오브젝트 추가하기)에서 똑같은 방법으로 **"삼각형을 그려보아요"**를 투명한 글상자로 만들어 봅니다.

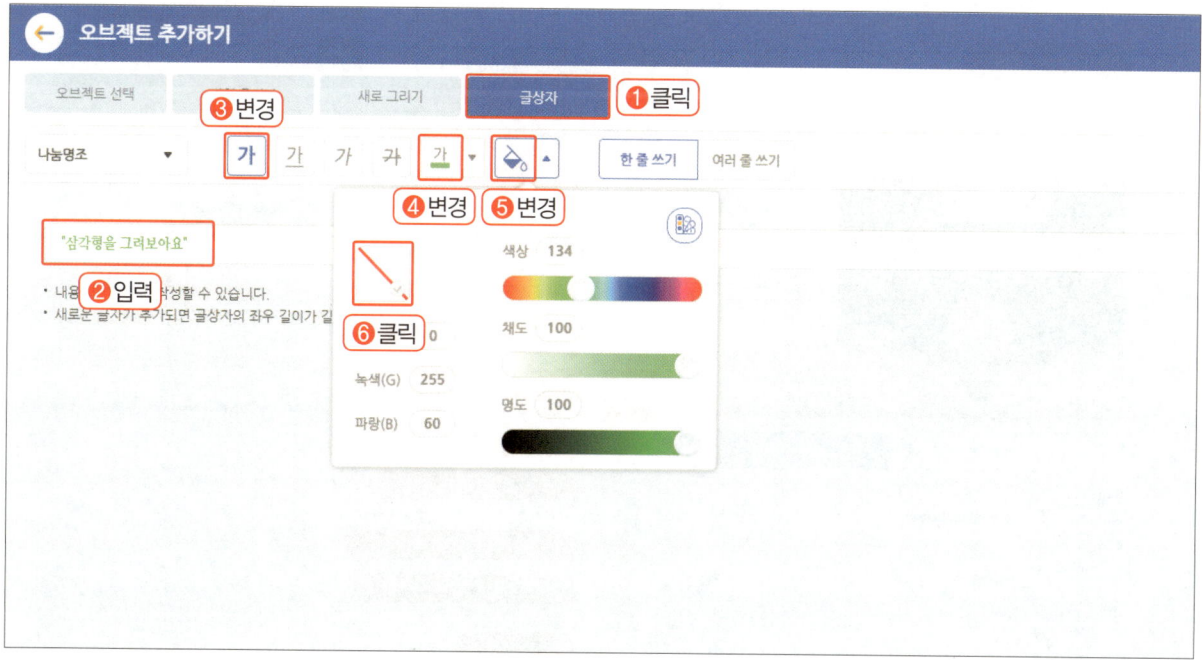

04 글상자 오브젝트를 적당한 위치로 조정합니다.

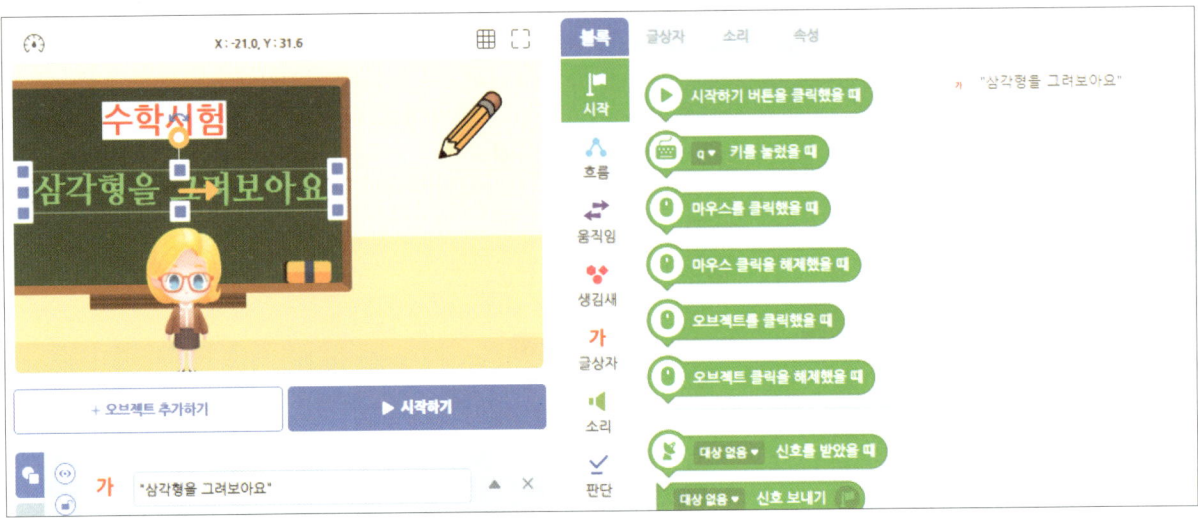

02 도형그리기

연필 오브젝트로 여러 가지 도형을 그려봅니다.

01 '연필(1)' 오브젝트를 선택하고 중심점을 연필 끝으로 이동합니다. 의 키를 눌렀을 때 와 의 그리기 시작하기 를 선택하고 드래그하여 블록 조립소에 연결하고 q▼ 값을 '3'으로 변경합니다.

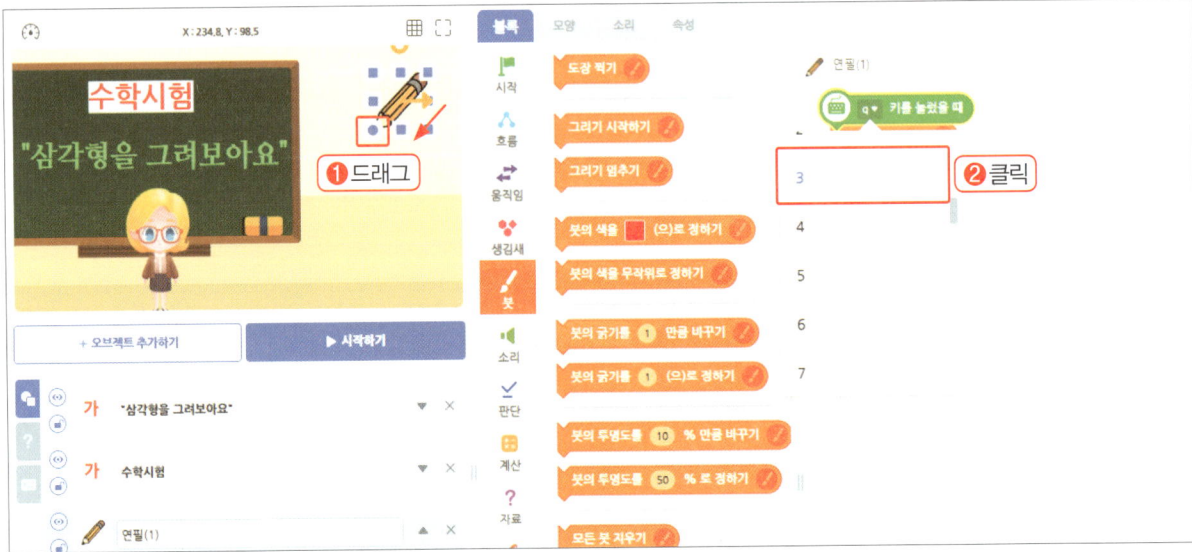

02 흐름의 `10번 반복하기`와 움직임의 `이동 방향으로 10만큼 움직이기`를 선택하고 드래그하여 블록 조립소에 연결합니다. 반복 값 10번을 '3번'으로, 움직임 값 10만큼을 '70'만큼으로 변경합니다.

03 움직임의 `방향을 90°만큼 회전하기`를 드래그하여 블록 조립소에 끼워 넣어 연결하고 방향 값을 '120도'로 변경합니다.

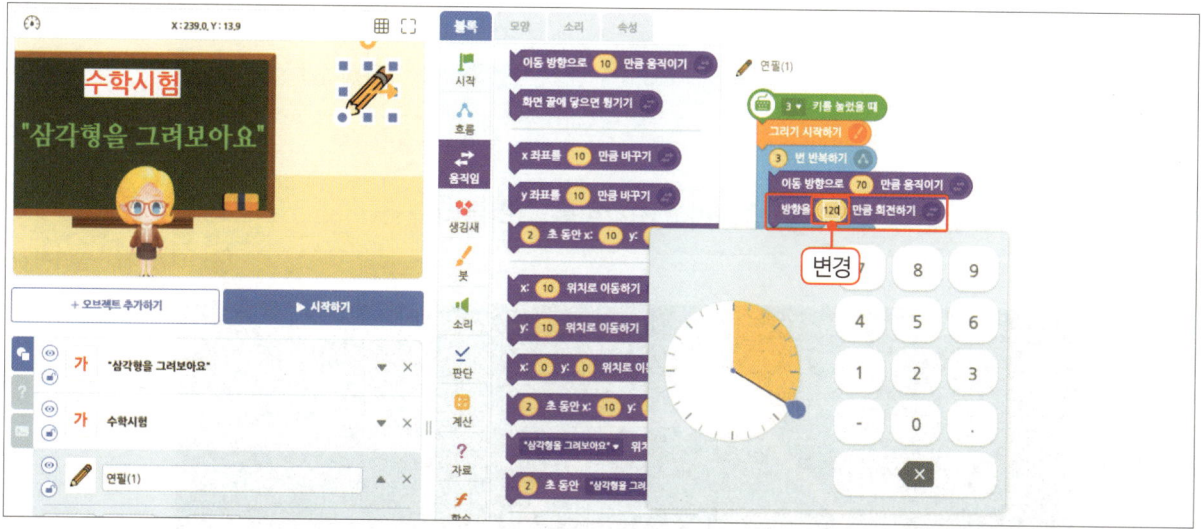

TIP

도형마다 다른 입력값을 생각해 봅니다. [10번 반복하기] 블럭과, [방향을 90도 만큼 회전하기] 블록을 사용합니다.

– 삼각형 [3번 반복하기], [방향을 120도 만큼 회전하기]
– 사각형 [4번 반복하기], [방향을 90도 만큼 회전하기]
– 오각형 [5번 반복하기], [방향을 72도 만큼 회전하기]

※ 다각형의 변의 수를 반복하고, 360÷변의 수 만큼 회전하기 하면 됩니다.

혼자서 뚝딱뚝딱

01 다음 그림을 완성해 봅니다.

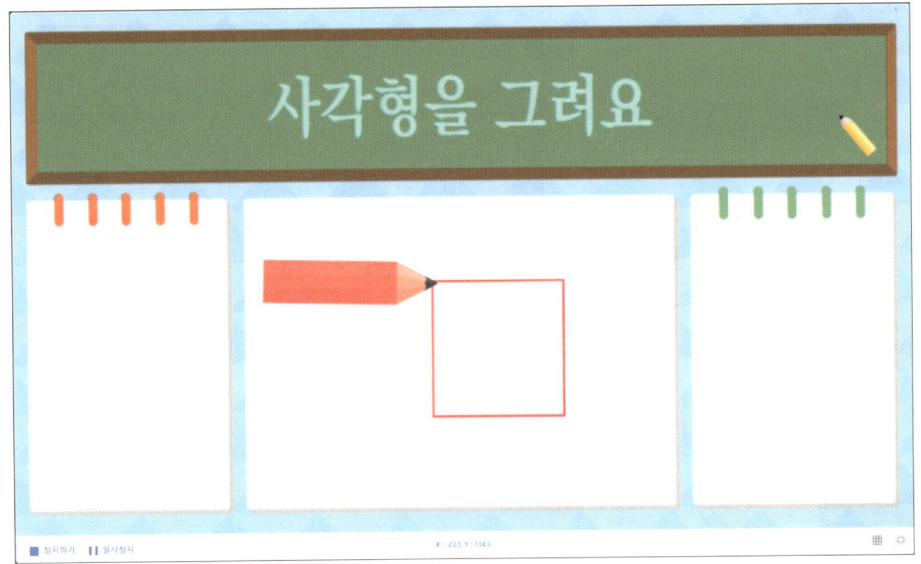

02 사용하고 싶은 오브젝트를 추가하고, 8각형을 그려봅니다.

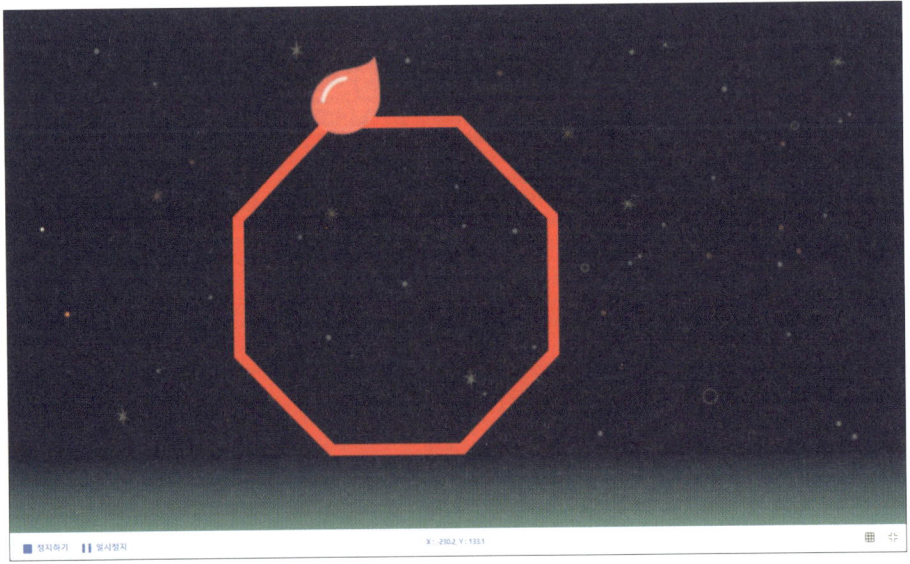

14강 유령의 만찬

학습 목표
- 오브젝트가 일정한 거리를 두고 마우스포인터를 따라 움직이도록 만들어 봅니다.
- 초시계를 사용하여 유령이 주어진 시간에만 음식을 먹을 수 있도록 만들어 봅니다.

📁 [완성파일] 유령의만찬.ent

01 일정한 거리를 두고 마우스를 따라 움직이기

오브젝트가 일정한 거리를 두고 마우스포인터를 따라 움직이도록 해 봅니다.

01 오브젝트 추가하기(+오브젝트 추가하기)를 클릭하고, '사과(1)', '햄버거', '조각 피자', '딸기 컵케이크', '컵라면', '유령' 오브젝트와 배경에 '무덤' 오브젝트를 추가하기 합니다. 각 오브젝트의 크기를 조정하고 원하는 위치로 변경합니다.

02 '유령' 오브젝트를 선택합니다. 시작의 시작하기 버튼을 클릭했을 때 와 흐름의 계속 반복하기, 만일 참 이라면 을 드래그하여 블록 조립소에 연결합니다. 〈참〉자리에 판단의 10 > 10 을 끼워 넣고 판단 값의 앞의 〈10〉위치에 계산의 유령 까지의 거리 를 끼워 넣습니다. 마우스포인터로 변경한 후, 뒤의 〈10〉의 값을 '5'로 변경합니다.

73

03 [움직임]의 [유령▼ 쪽 바라보기] 와 [이동 방향으로 10 만큼 움직이기] 를 선택하고 드래그하여 블록 조립소에 끼워 넣어 연결합니다. '유령'을 마우스로 클릭하여 **마우스포인터**로 선택하고, 움직임 값을 '2'만큼으로 변경합니다.

02 초시계 사용하기

초시계를 사용하여 유령이 주어진 시간에만 음식을 먹을 수 있도록 만들어 봅니다.

01 [시작]의 [시작하기 버튼을 클릭했을 때] 와 [계산]의 [초시계 시작하기▼] 블록을 선택하고 드래그하여 블록 조립소에 연결하고, 실행 화면에 초시계를 원하는 위치로 변경합니다.

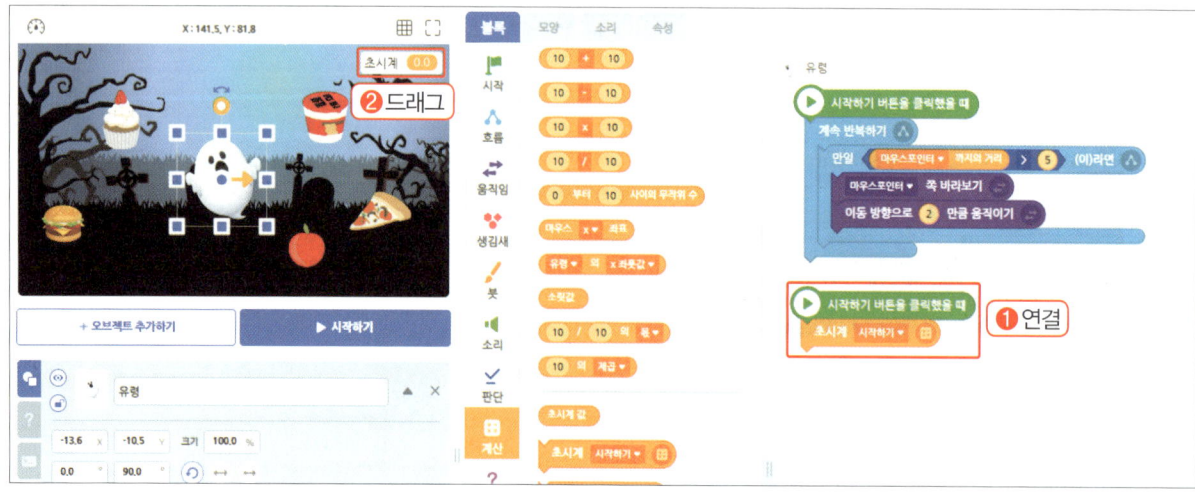

02 ▲의 [참 이(가) 될 때까지 기다리기] 를 선택하고 드래그하여 블록 조립소에 연결하고, 〈참〉값을 ✓의 [10 > 10] 블록을 끼워 넣습니다. 앞의 〈10〉값에 ⊞의 [초시계 값] 을 끼워 넣고 뒤의 〈10〉 값은 '5'로 변경합니다.

03 ⊞의 [초시계 시작하기 ▼] 와 ▲의 [모든 ▼ 코드 멈추기] 블록을 선택하고 드래그하여 블록 조립소에 연결합니다. [초시계 시작하기 ▼] 의 시작하기를 클릭하여 **정지하기**로 선택합니다.

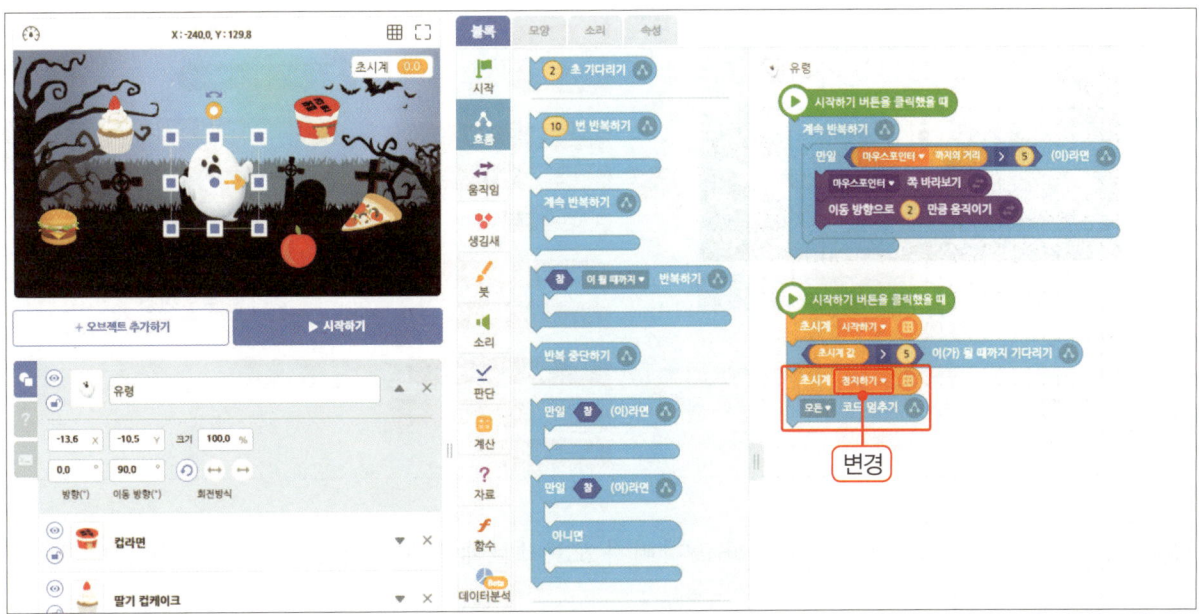

04 '컵라면' 오브젝트를 선택하고 이동방향을 원하는 방향으로 변경합니다. 시작 의 시작하기 버튼을 클릭했을 때 와 흐름 의 계속 반복하기, 움직임 의 이동 방향으로 10 만큼 움직이기, 움직임 의 이동 방향을 90° 만큼 회전하기 블록을 선택하고 드래그하여 블록 조립소에 연결합니다. 이동방향 움직임 값을 계산 의 0 부터 10 사이의 무작위 수 를 끼워 넣어 변경하고 이동방향 회전 값도 [0부터 5사이의 무작위 수]로 변경합니다.

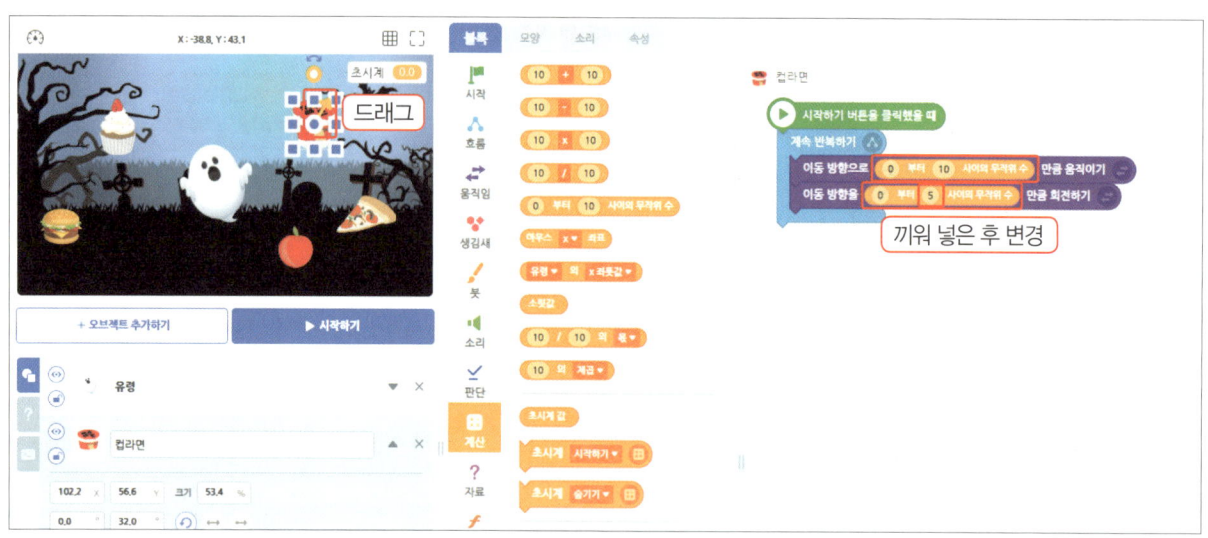

05 움직임 의 화면 끝에 닿으면 튕기기 블록, 흐름 의 만일 참 이라면 블록과 생김새 의 모양 숨기기 를 연결합니다. 마우스포인터 에 닿았는가? 를 끼워넣고 유령에 닿으면 모양을 숨기도록 만듭니다.

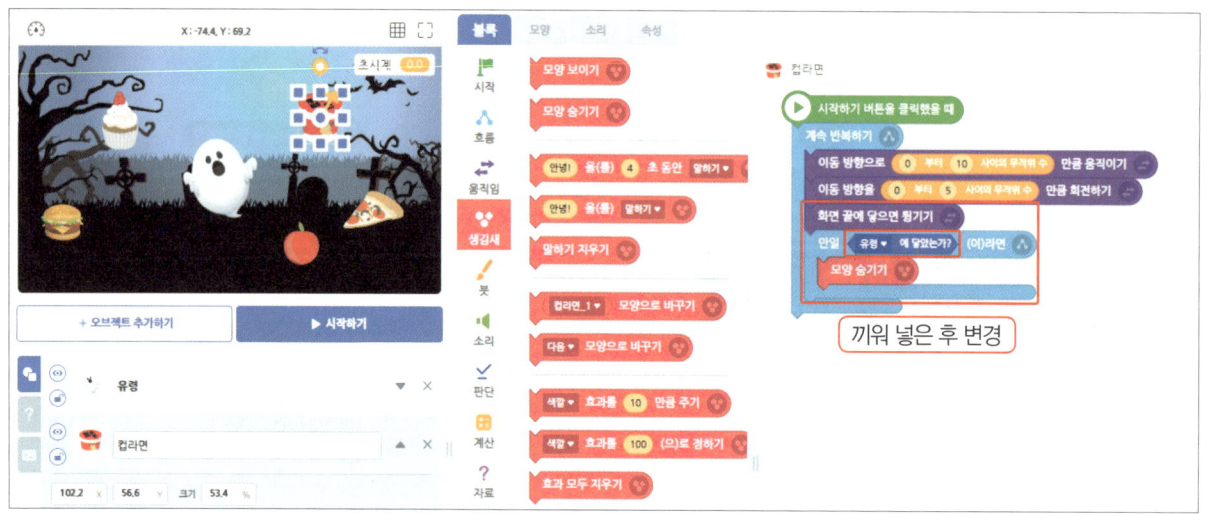

06 '컵라면' 오브젝트의 코드를 복사하고 나머지 오브젝트에 붙여넣기 합니다. 나머지 오브젝트들도 이동방향을 변경합니다.

혼 자서 똑딱똑딱

01 다음 그림을 완성하고 일정한 거리를 두고 마우스 포인트를 따라 움직이는 양탄자를 만들어 봅니다.

[예제파일] 양탄자.ent

02 다음 그림을 완성하고, 글로브를 마우스로 조절해서 파이터들과 '10'초 동안 싸우도록 만들어 봅니다.

[예제파일] 주먹왕.ent

15강 어린이 축구왕

학습 목표
- 특정 오브젝트에 닿으면 움직이도록 만들어 봅니다.
- 신호를 사용하여 특정 오브젝트가 실행되도록 만들어 봅니다.

[완성파일] 어린이축구왕.ent

01 특정 오브젝트에 닿으면 움직임이 변하도록 만들기

특정 오브젝트에 닿으면 움직임이 변하도록 만들어 봅니다.

01 오브젝트 추가하기(+오브젝트 추가하기)를 클릭하고, '축구공', '유치원생(1)', '엔트리봇' 오브젝트와 배경에 '운동장' 오브젝트를 추가하기 합니다. 각 오브젝트를 적당한 크기로 조절하고 위치와 방향을 변경합니다. '공' 오브젝트를 선택하고 공의 이동방향을 조정합니다.

02 '유치원생(1)' 오브젝트가 공의 오른쪽 벽면을 닿으면 멀리 날아가도록 시작 의 시작하기 버튼을 클릭했을 때 , 흐름 의 참 이(가) 될 때까지 기다리기 와 참 이 될 때까지 반복하기 , 움직임 의 이동 방향으로 10 만큼 움직이기 를 드래그하여 블록 조립소에 연결합니다. 판단 의 판단의 마우스포인터 에 닿았는가? 를 참 위치에 끼워 넣고 '유치원생(1)' 과 '오른쪽벽'으로 선택합니다.

03 '유치원생(1)' 오브젝트를 선택하고, 이동방향을 변경합니다. 시작 의 시작하기 버튼을 클릭했을 때 와 흐름 의 참 이 될 때까지 반복하기 , 움직임 의 이동 방향으로 10 만큼 움직이기 를 드래그하여 블록 조립소에 연결합니다. 〈참〉 위치에 마우스포인터 에 닿았는가? 를 끼워 넣고 '**축구공**'을 선택하고 움직임 값은 '**30**'으로 변경합니다.

04 실행 화면을 시작하고, 어린이가 공으로 달려가서 공에 닿으면 공이 날아가는지 확인합니다.

05 '엔트리봇' 오브젝트를 선택하고, 이동 방향을 변경합니다. 의 와 의 를 드래그하여 블록 조립소에 연결합니다. 〈참〉 위치에 의 를 끼워 넣고 '마우스포인터'를 '**축구공**'으로 변경합니다.

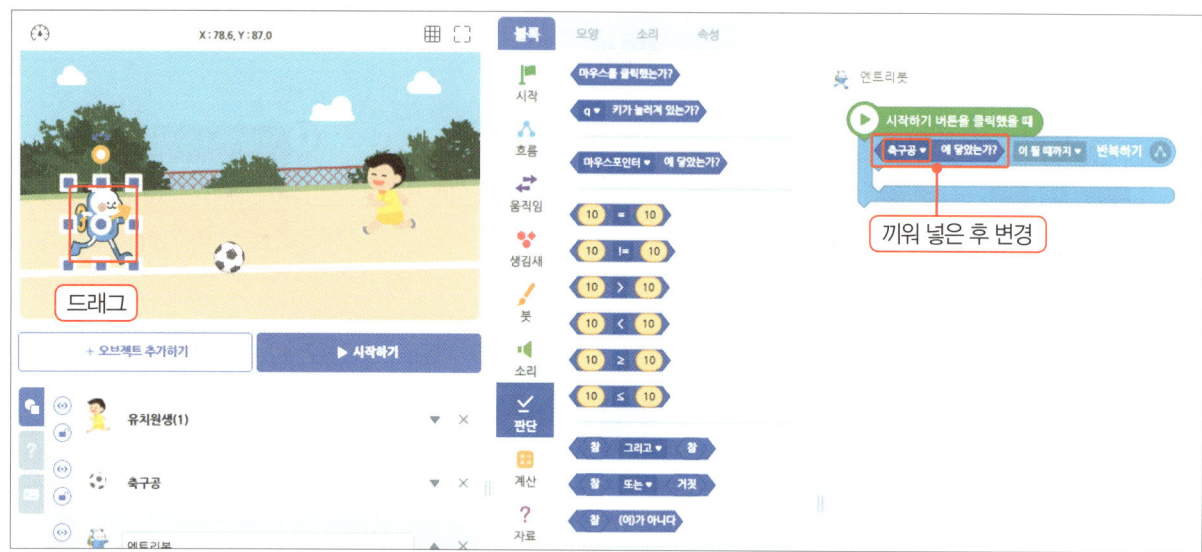

06 엔트리봇이 움직이며 공근처까지 가도록 의 와 의 , 의 를 드래그하여 블록 조립소에 연결하고 기다리기 값을 '**0.2초**'로 변경합니다. 엔트리봇의 멈추는 위치를 정해주기 위해 좌표값을 사용합니다. '**1초 동안 x:-70 y:-30**'으로 좌표값을 변경합니다.

02 신호를 사용하여 오브젝트 실행하기

신호를 사용하여 특정오브젝트가 실행되도록 해 봅니다.

01 '유치원생(1)' 오브젝트를 선택하고 [속성] 탭을 클릭합니다. [신호]를 선택하고 '슛~' [신호 추가하기]를 합니다. 생김새 의 안녕! 을(를) 4 초 동안 말하기 와 시작 의 슛~ 신호 보내기 를 드래그하여 블록 조립소에 연결해요. '안녕'을 '슛~'으로 4초를 '2초'로 변경합니다.

02 "슛~" 신호를 받으면 엔트리봇이 반응하도록 만듭니다. '엔트리봇' 오브젝트를 선택하고 시작 의 슛~ 신호를 받았을 때 와 생김새 의 안녕! 을(를) 4 초 동안 말하기 , 흐름 의 모든 코드 멈추기 를 드래그하여 블록 조립소에 연결합니다. "안녕"을 "내가 한발 늦었다"로 시간 값을 '2초' 변경합니다.

혼자서 뚝딱뚝딱

01 다음 그림을 완성하고, 야구방망이가 야구공에 닿으면 야구공이 날아가도록 만들어 봅니다.

📁 [예제파일] 빅볼홈런.ent

02 다음 그림을 완성하고, 마법사가 "열려라 참깨!!!"신호를 보내면 보물 상자의 문이 열리도록 만듭니다.

📁 [예제파일] 열려라참깨.ent

16강 별똥별을 피하라!

학습 목표
- 우주인에 닿지 않으면 무작위로 떨어지는 별을 만들어 봅니다.
- 별이 우주인에 닿으면 동작을 멈추도록 만들어 봅니다.
- 방향 키를 사용하여 우주인이 별을 피하도록 만듭니다.

📁 **[완성파일]** 별똥별피하기.ent

01 별똥별 만들기

우주인에 닿지 않으면 무작위로 떨어지는 별을 만들어 봅니다.

01 오브젝트 추가하기()를 클릭하고, '우주인(1)', '작은 별' 오브젝트와 배경의 '우주(1)' 오브젝트를 추가하기 합니다. '작은 별' 오브젝트를 선택하고, 크기와 위치를 변경합니다. 이동 방향은 아래쪽으로 변경합니다.

02 🏁 의 `시작하기 버튼을 클릭했을 때` 와 🔺 의 `계속 반복하기`, `만일 참 이라면 아니면` 블록을 드래그하여 블록 조립소에 연결합니다. 〈참〉위치에 ✓ 의 `마우스포인터 에 닿았는가?`를 끼워 넣고 마우스포인터를 '**아래쪽 벽**'으로 선택합니다.

03 움직임 의 `x: 10 위치로 이동하기` 와 `y: 10 위치로 이동하기` 를 드래그하여 블록 조립소에 끼워 넣습니다. x값에 계산 의 `0 부터 10 사이의 무작위 수` 를 끼워 넣고, '-220'과 '220'으로 변경합니다. y값은 '135'로 변경합니다.

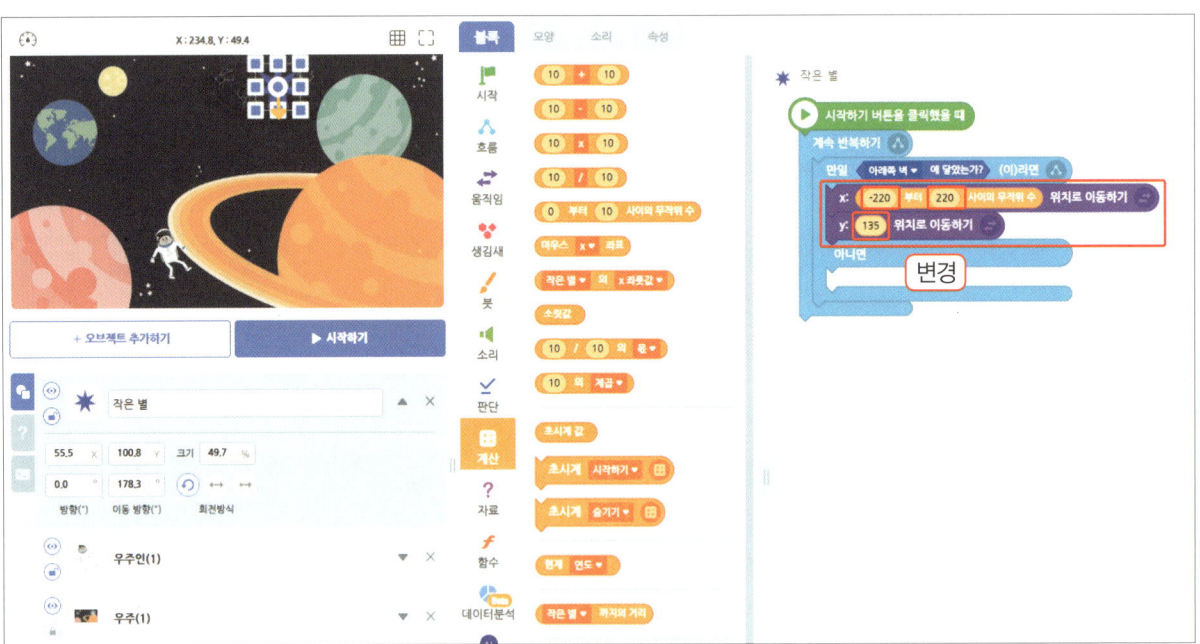

 **TIP** 화면에 보이는 x축 y축의 크기는 아래와 같습니다.
- 화면에 보이는 x축: 0점을 중심으로 왼쪽으로 240(-240) 오른쪽으로 240(+240)
- 화면에 보이는 y축: 0점을 중심으로 아래쪽으로 135(-135) 위쪽으로 135(+135)

02 우주인에 닿은 별 멈추기

별이 우주인에 닿으면 동작을 멈추도록 만들어 봅니다.

01 흐름의 〈만일 참 이라면 아니면〉과 〈2 초 기다리기〉, 〈모든 코드 멈추기〉를 드래그하여 블록 조립소에 끼워 넣어 연결합니다. 〈참〉 위치에 판단의 〈마우스포인터 에 닿았는가?〉를 끼워 넣고 '우주인(1)'으로 변경합니다. 기다리기 값은 '0.5초'로 변경합니다.

02 움직임의 〈이동 방향으로 10 만큼 움직이기〉를 드래그하여 블록 조립소에 연결합니다. 실행 화면에 시작하기(▶시작하기)를 클릭하고 별의 움직임을 확인합니다.

03 별을 피하기

방향 키를 사용하여 우주인이 별을 피하도록 만들어 봅니다.

01 '우주인(1)' 오브젝트를 선택하고, 시작의 <시작하기 버튼을 클릭했을 때>와 흐름의 <참 이 될 때까지 반복하기>를 드래그하여 블록 조립소에 연결합니다. 〈참〉 위치에 판단의 <마우스포인터에 닿았는가?>를 끼워 넣고 '**작은 별**'로 선택합니다.

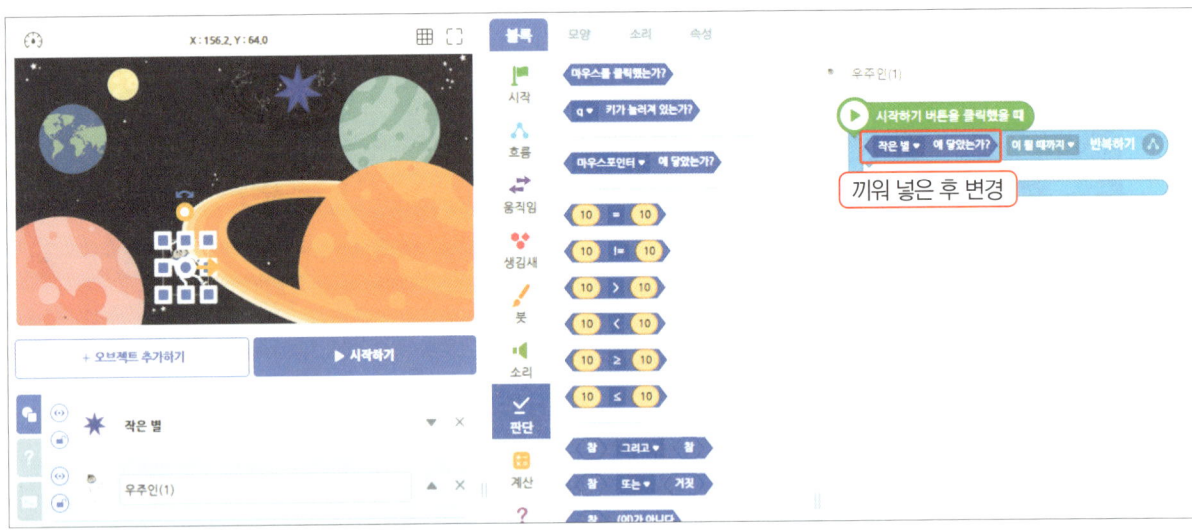

02 흐름의 <만일 참 이라면>과 움직임의 <이동 방향으로 10 만큼 움직이기>을 반복연결하고 〈참〉에 각각 판단의 <q 키가 눌러져 있는가?>를 끼워 넣고 q에 마우스 버튼을 눌러 '**오른쪽화살표**'와 '**왼쪽화살표**'로 선택합니다. 이동방향 움직임 값을 왼쪽 화살표 쪽만 '-10'만큼으로 변경합니다.

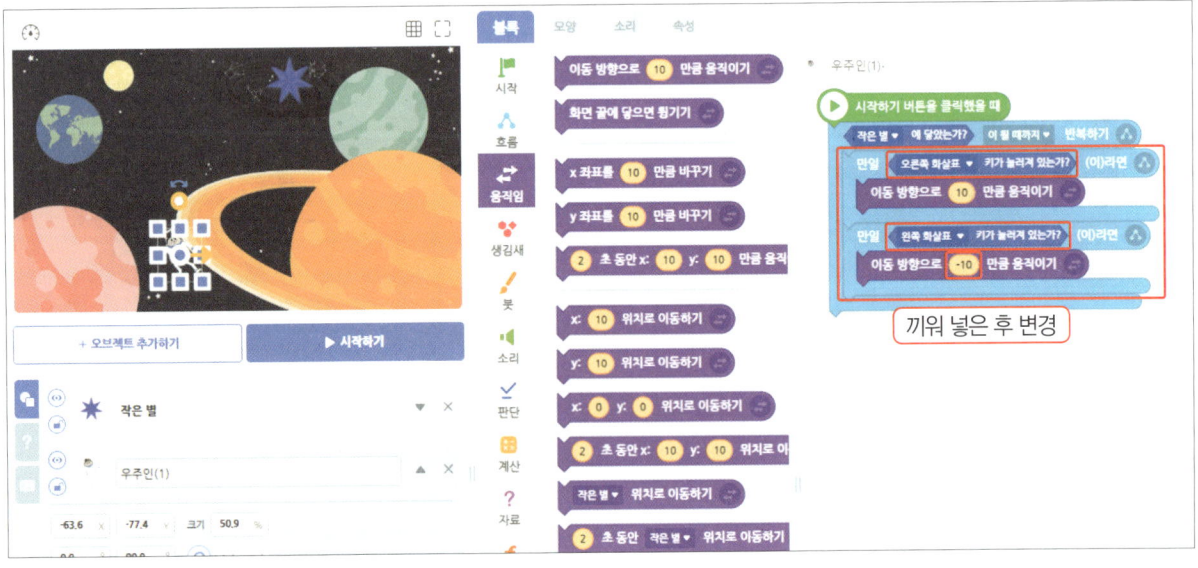

03 블록 꾸러미의 소리를 클릭하고, '남자 비명' 소리를 추가하기 합니다.

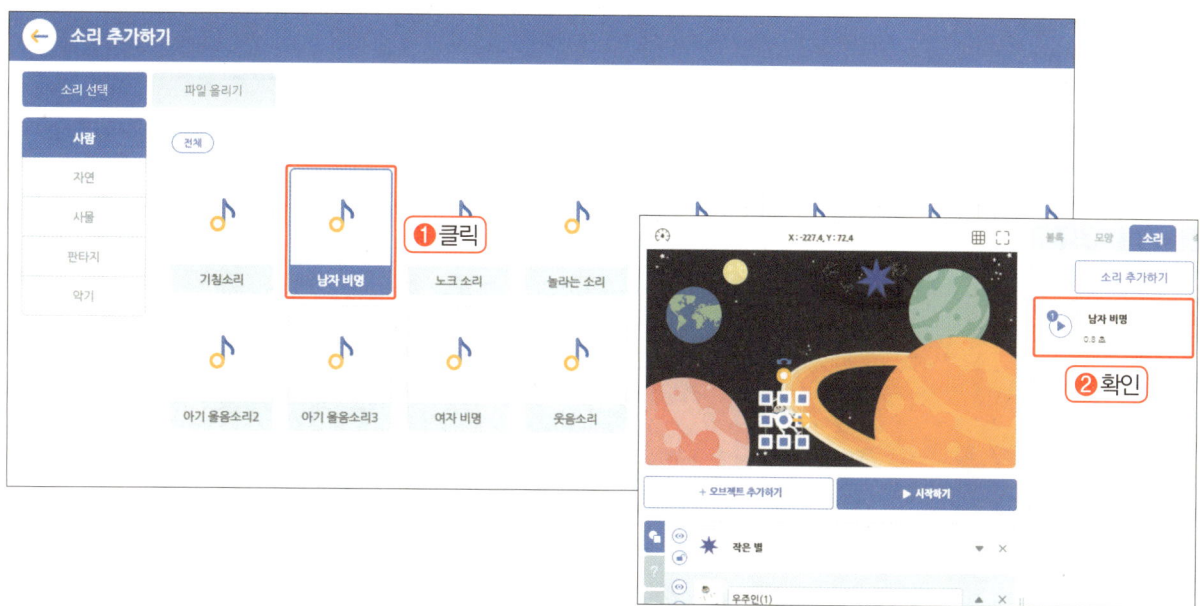

04 의 소리 남자 비명 ▼ 1 초 재생하기 를 드래그하여 연결합니다.

05 실행 화면을 시작하고, 방향 키를 이용해서 별똥별을 피하는 게임을 해 봅니다.

혼자서 똑딱똑딱

01 다음 그림을 완성하고, 눈이 내리도록 만들어 봅니다.

02 다음 그림을 완성하고. 무작위로 떨어지는 황금 사과를 만듭니다. 마우스포인터를 따라 움직이는 요정이 황금 사과에 닿으면 사과의 색이 변하도록 만듭니다.

17강 패션의 완성 모자 고르기

학습 목표
- 모자 오브젝트를 클릭할 때마다 모자의 모양이 바뀌도록 만들어 봅니다.
- 원하는 모자를 선택하면 복제본을 만들고 지정된 좌표로 이동하도록 만들어 봅니다.

[완성파일] 패션의완성모자고르기.ent

01 클릭할 때마다 모양이 바뀌는 모자 만들기

모자 오브젝트를 클릭할 때마다 모자의 모양이 바뀌도록 만들어 봅니다.

01 오브젝트 추가하기(+오브젝트 추가하기)를 클릭하고, '눈', '코', '입', '머리(남)', '얼굴모양' 오브젝트와 배경에 '방(2)' 오브젝트를 추가하기 합니다. 각 오브젝트를 선택하여 원하는 위치와 크기를 변경합니다. 모양을 변경하고자 하는 오브젝트를 선택하고 [모양] 탭에서 원하는 그림을 선택합니다.

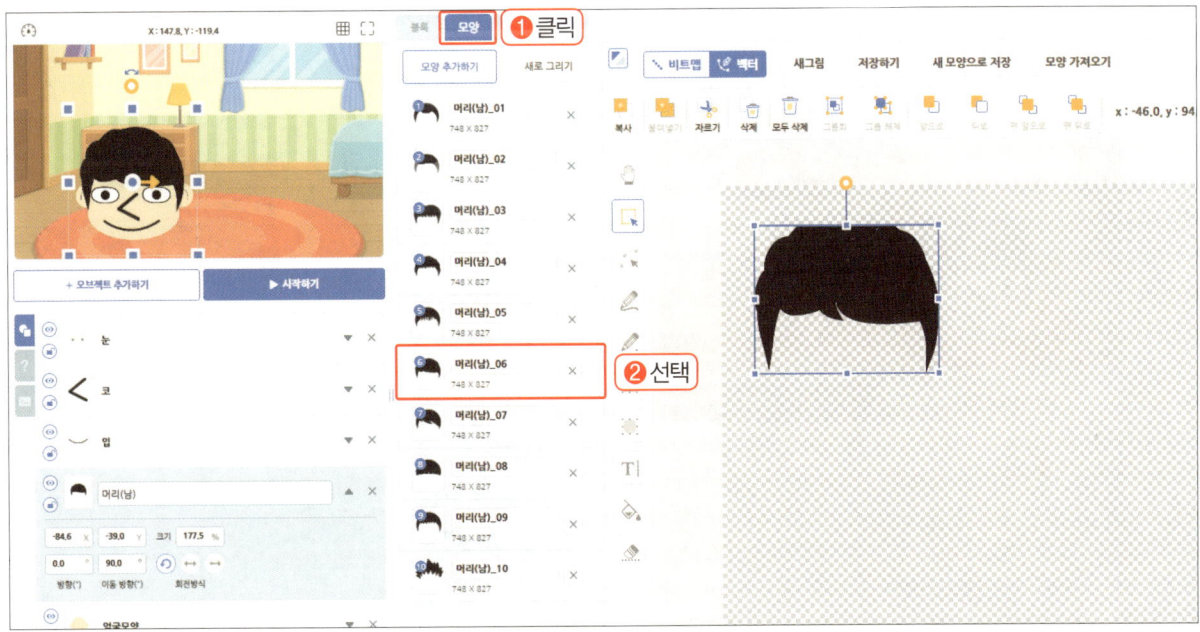

89

02 오브젝트 추가하기(+오브젝트 추가하기)를 클릭하고 '모자(1)' 오브젝트를 추가하기 합니다. '모자(1)' 오브젝트를 클릭하고 [모양] 탭에서 '모자(1)'~'모자(14)' 오브젝트를 모두 모양 추가하기를 한 후, 원하는 그림을 선택합니다.

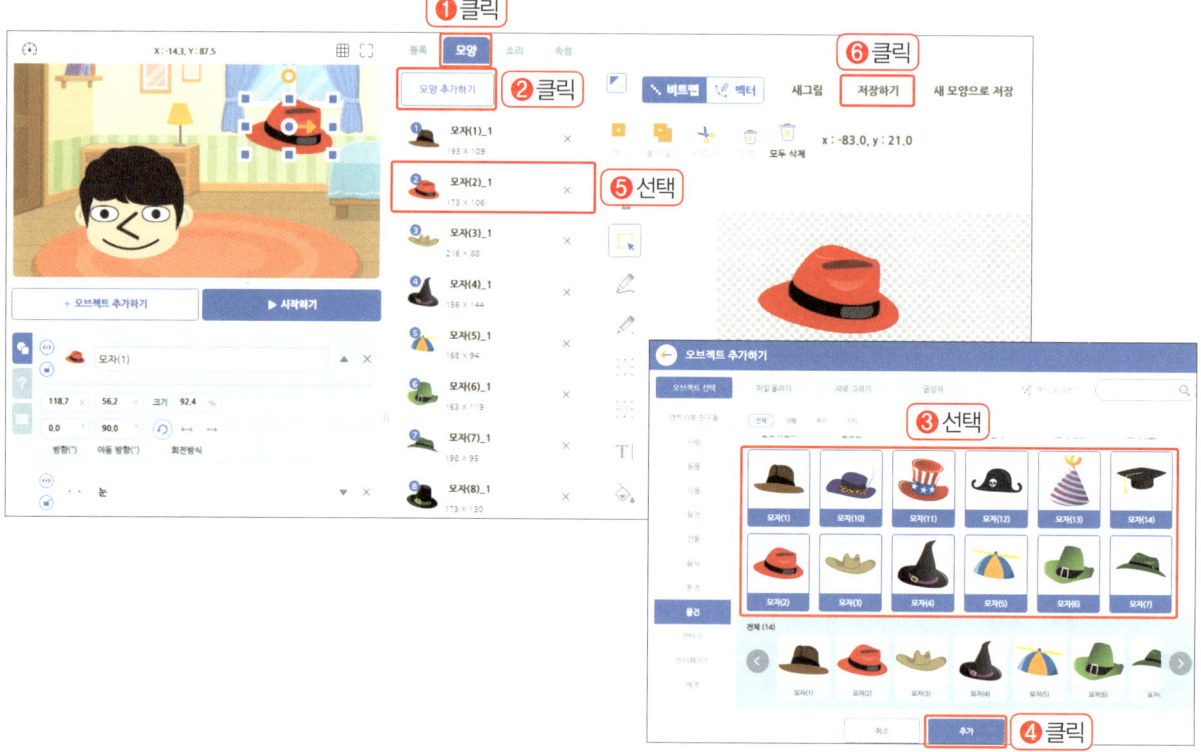

03 '모자' 오브젝트를 클릭하고 시작 의 시작하기 버튼을 클릭했을 때 와 흐름 의 계속 반복하기, 만일 참 이라면 을 선택하고 드래그하여 블록 조립소에 연결합니다. [참]에 판단 의 마우스포인터에 닿았는가? 를 끼워 넣기 합니다.

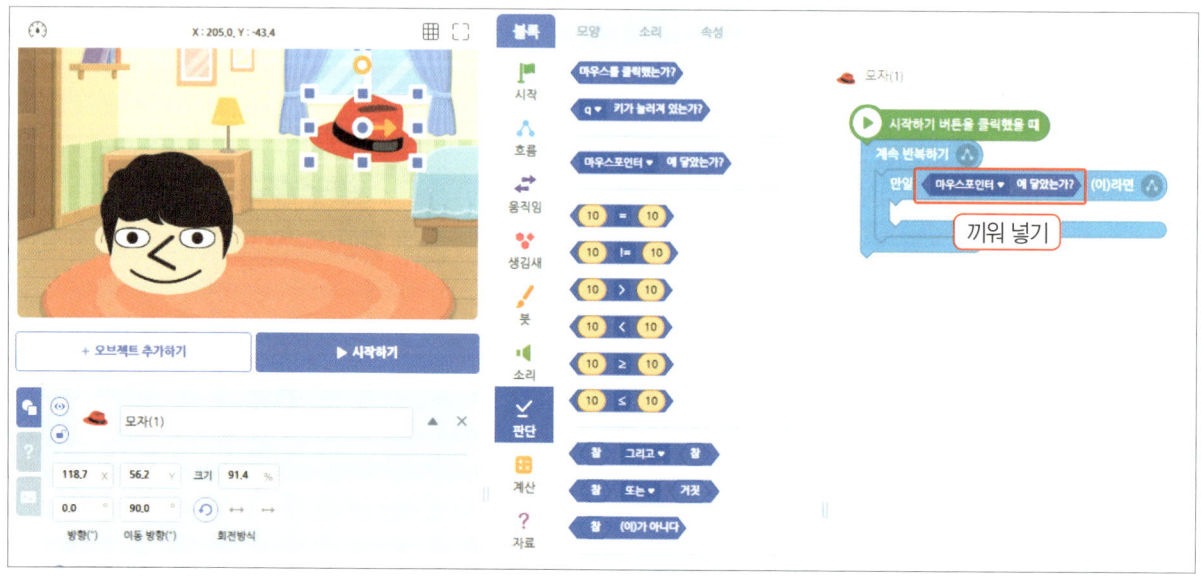

04 [흐름]의 [만일 참 이라면]과 [생김새]의 [다음 모양으로 바꾸기], [흐름]의 [2초 기다리기]를 드래그 하여 블록 조립소에 연결합니다. 〈참〉위치에 [판단]의 [마우스를 클릭했는가?]를 끼워 넣고 기다림 값을 '0.3'초로 변경합니다.

02 복제본 만들어 지정좌표로 이동하기

원하는 모자를 선택하면 복제본을 만들고 지정된 좌표로 이동하도록 만들어 봅니다.

01 [흐름]의 [만일 참 이라면]과 [자신의 복제본 만들기]를 드래그하여 아래 그림과 같이 블록 조립소에 연결합니다. 〈참〉위치에 [판단]의 [q 키가 눌러져 있는가?]를 끼워 넣고 'q'를 '엔터'로 변경합니다.

02 모자를 선택했을 때 모자가 씌어 지는 위치를 정하기 위해 '머리(남)' 오브젝트를 선택하고 중심점을 원하는 좌표(x:-80, y:35)로 이동합니다.

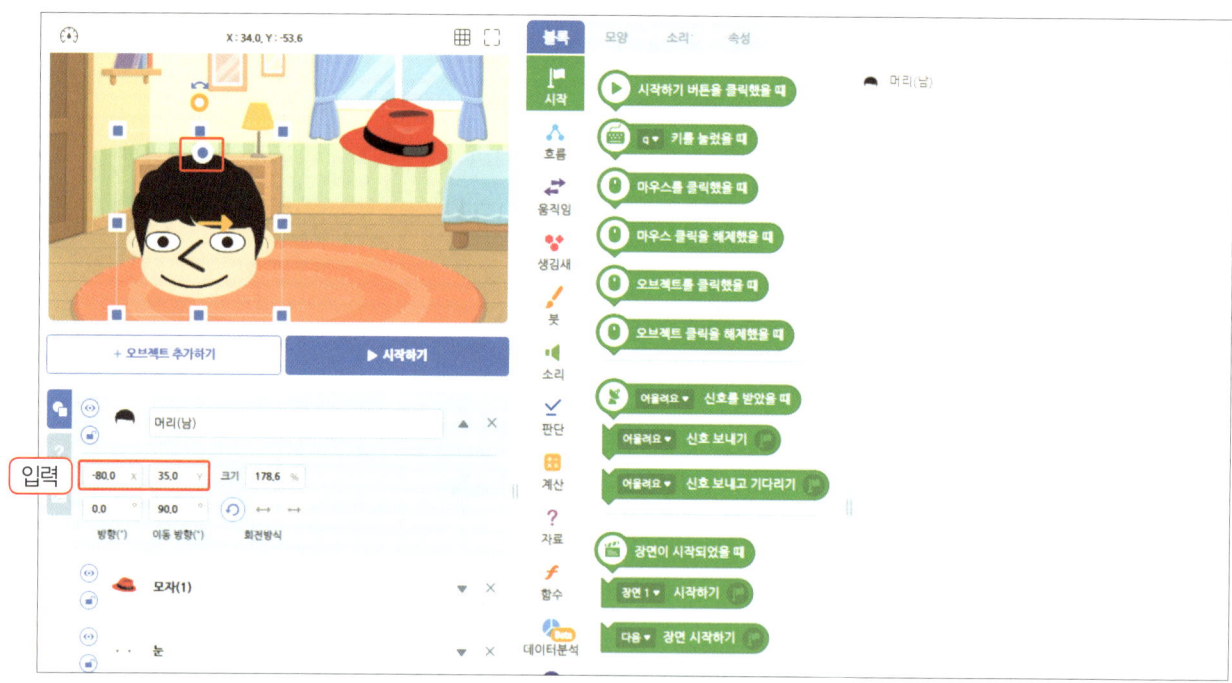

03 '모자' 오브젝트를 선택하고 움직임 에 x: 0 y: 0 위치로 이동하기 와 생김새 의 크기를 10 만큼 바꾸기 를 드래그하여 블록 조립소에 연결합니다. x값은 '-80' y값은 '35'으로 변경하고 크기값은 '40'으로 변경합니다.

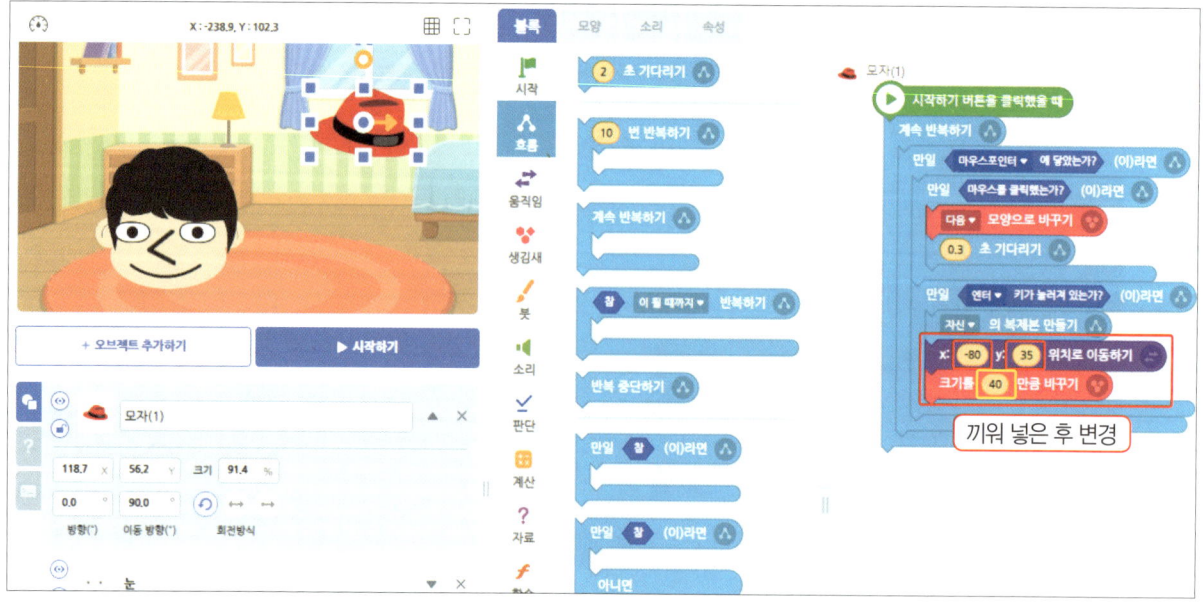

04 [속성] 탭에 신호를 클릭하고 '어울려요' 신호 추가하기를 합니다. 의 와 의 를 드래그하여 블록 조립소에 연결합니다. '안녕'을 "**어울려요**"라고 말하도록 변경합니다.

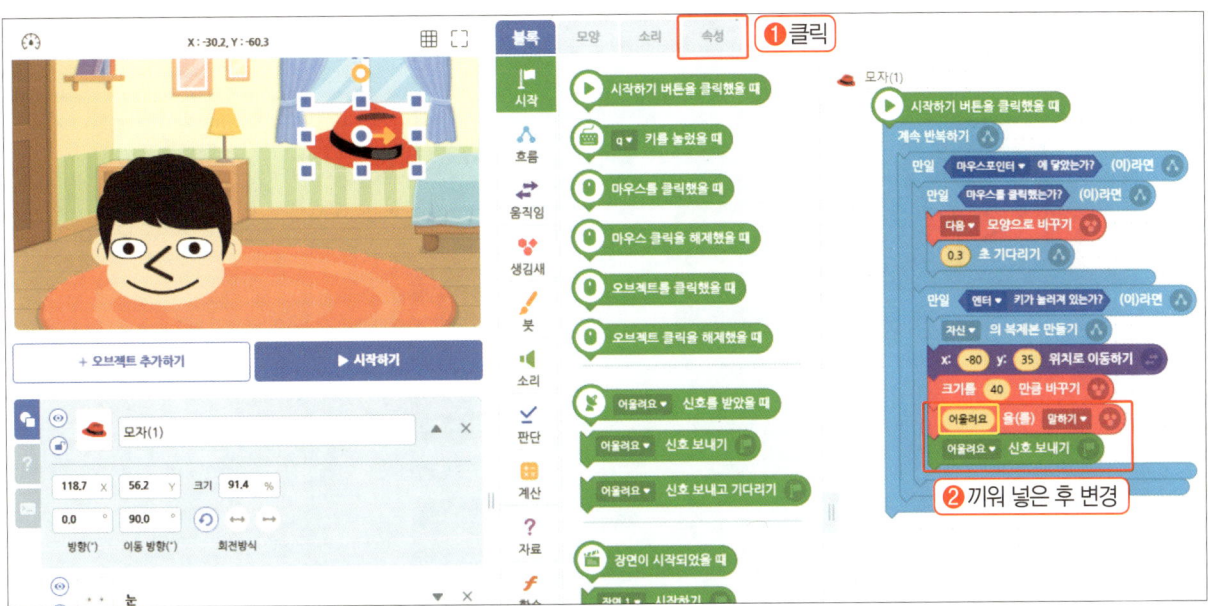

05 '입' 오브젝트를 클릭하고 의 와 의 를 드래그하여 블록 조립소에 연결합니다. '입_01'을 '**입_03**'으로 선택하여 클릭합니다.

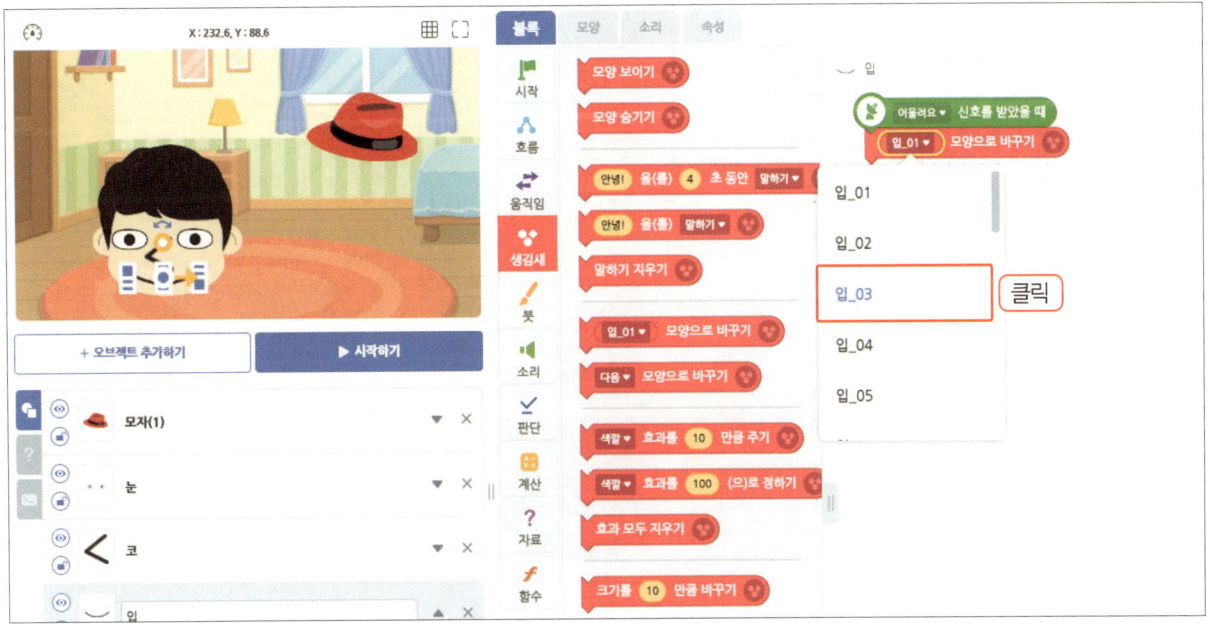

06 오브젝트 추가하기(+오브젝트 추가하기)를 클릭하고 '다시하기' 오브젝트를 추가합니다. 시작 의 오브젝트를 클릭했을 때 와 흐름 의 처음부터 다시 실행하기 를 드래그하여 블록 조립소에 연결합니다.

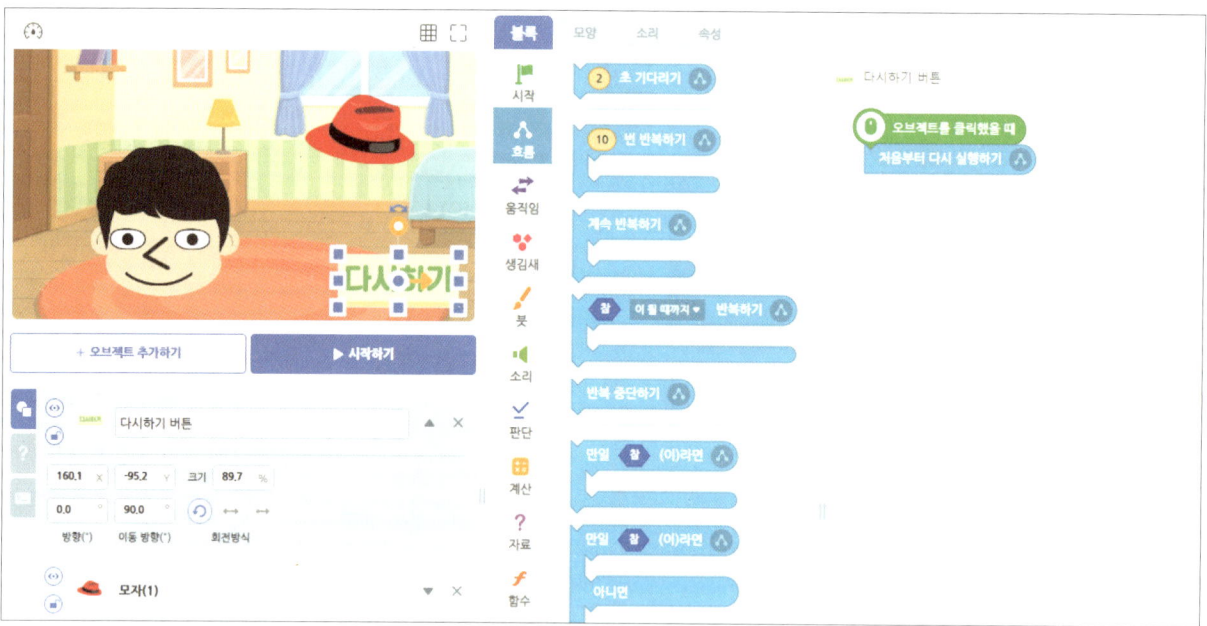

07 시작하기(▶시작하기)를 실행하고 모자를 클릭하여 마음에 드는 모자를 선택해 봅니다.

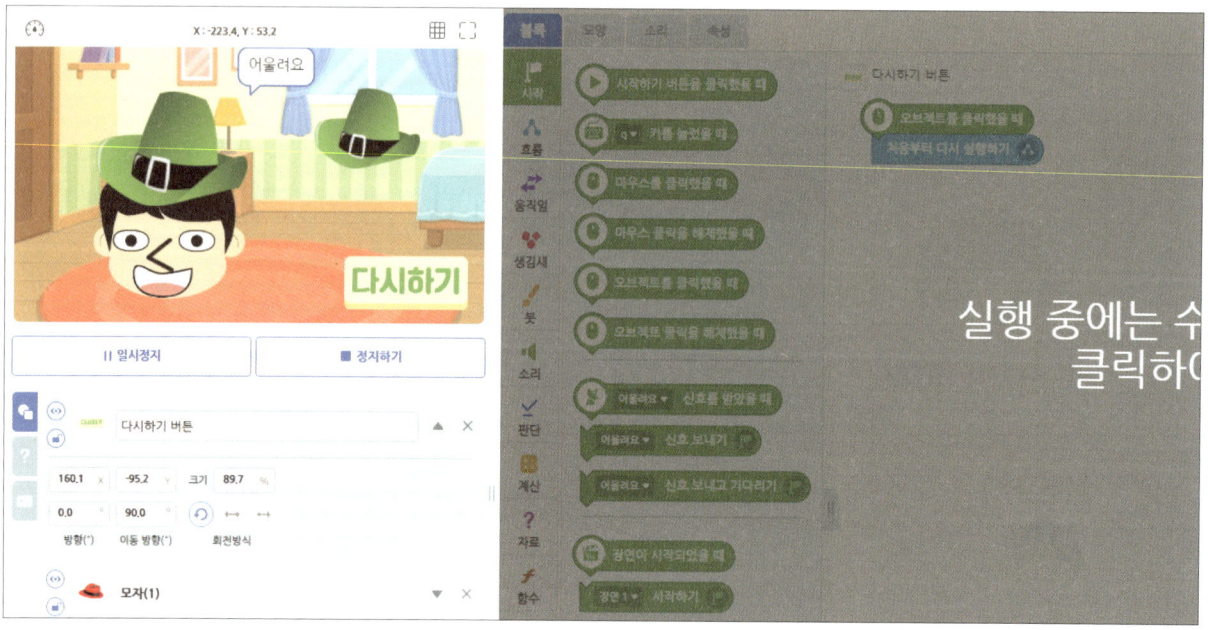

혼자서 똑딱똑딱

01 배경에 '로보트방' 오브젝트를 추가하기 합니다. 로봇사이에 어떤 친구가 어울릴지 오브젝트 추가하기를 하고 [모양] 탭에 여러 친구들을 선택하여 모양 추가하기를 합니다. 오브젝트를 클릭할 때마다 다른 친구들이 나타나도록 만들어 봅니다.

[예제파일] 누가좋을까.ent

02 배경의 '뉴스 세트장' 오브젝트와 '얼굴(여)' 오브젝트를 추가하기 하고 '얼굴(여)' 오브젝트를 클릭하면 마이크위치로 이동하고 웃는 얼굴로 바뀌도록 만들어 봅니다.

[예제파일] 아나운서의미소.ent

18강 풍선 튕기기 게임

학습 목표
- 속도 변수를 추가하여 일정한 속도로 움직이는 풍선을 만들어 봅니다.
- 점수 변수를 추가하여 일정한 점수가 되면 멈추도록 만들어 봅니다.
- x축으로만 움직이는 오브젝트를 만들어 봅니다

[완성파일] 풍선튕기기게임.ent

01 속도 변수를 추가하여 일정한 속도로 움직이는 풍선 만들기

속도 변수를 추가하여 일정한 속도로 움직이는 풍선을 만들어 봅니다.

01 오브젝트 추가하기(+ 오브젝트 추가하기)를 클릭합니다. '점프 엔트리봇(1)', '풍선' 오브젝트와 [배경]에 '해변가' 오브젝트를 추가하기 하고 원하는 위치와 크기를 조절합니다. '풍선' 오브젝트를 클릭하고 이동 방향을 위로 드래그합니다.

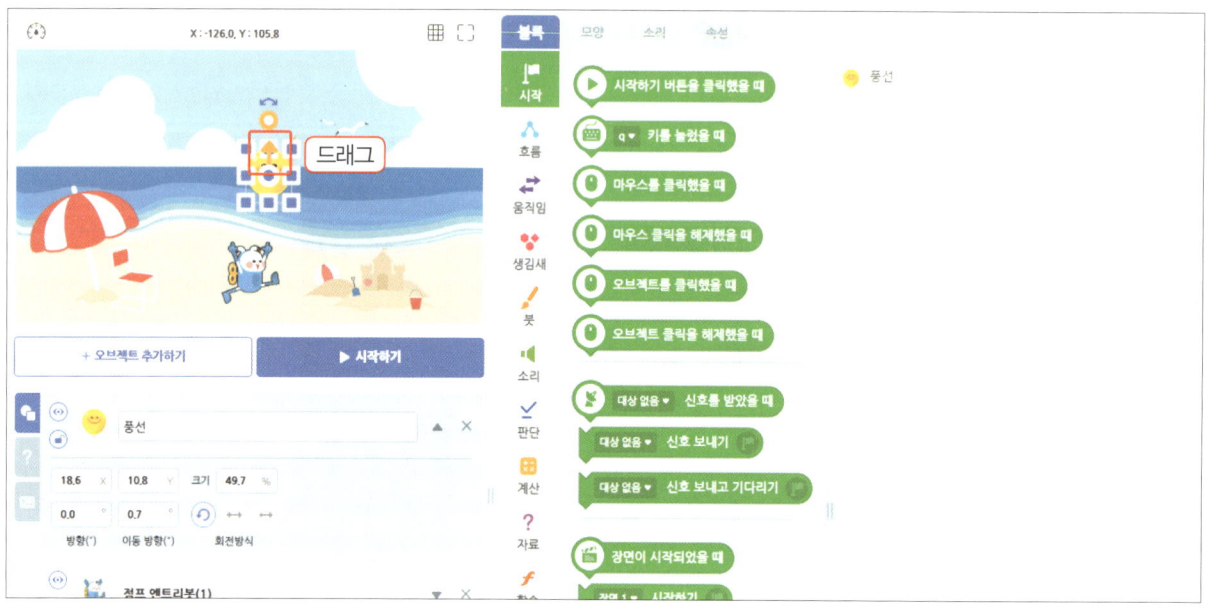

02 ![시작] 의 ![시작하기 버튼을 클릭했을 때] 와 ![흐름] 의 ![계속 반복하기], ![움직임] 의 ![화면 끝에 닿으면 튕기기] 를 블록 조립소에 연결합니다.

03 [속성] 탭에서 '속도' [변수 추가하기]를 하고 속도 변수 기본값에 '5'를 입력합니다. ![움직임] 에 ![이동 방향으로 10 만큼 움직이기] 를 블록 조립소에 연결하고 이동 방향 '10'에 ![자료] 의 ![속도▼ 값] 을 끼워 넣기 합니다.

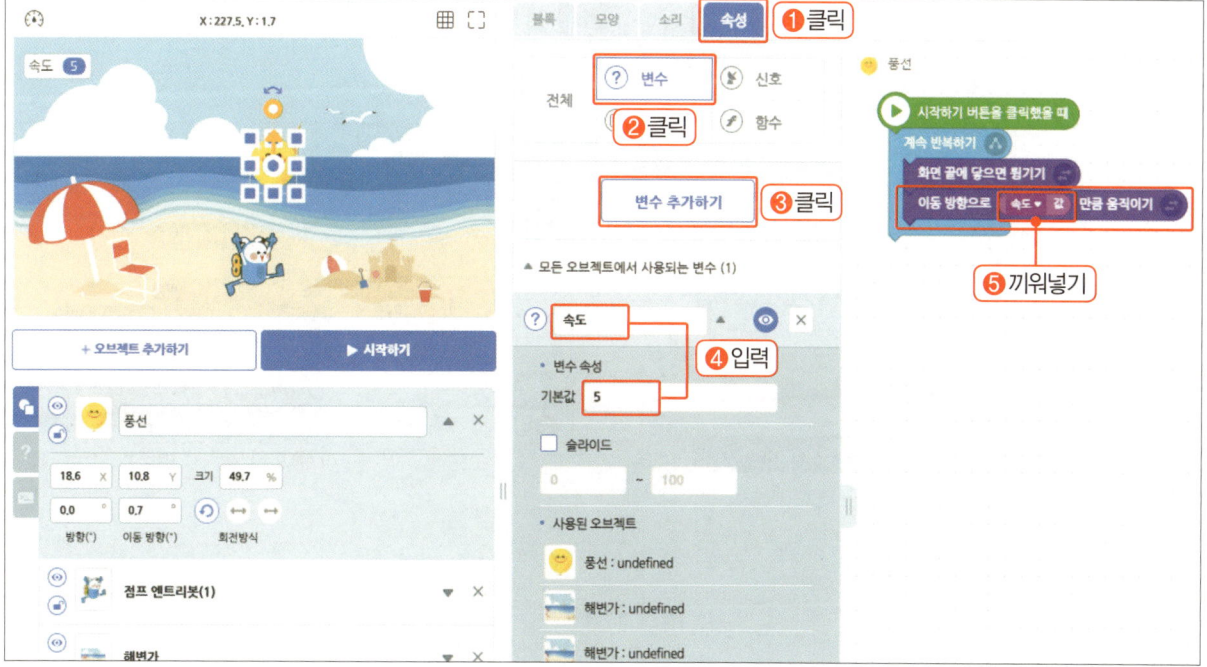

02 점수 변수를 추가하여 일정한 점수가 되면 멈추기

점수 변수를 추가하여 일정한 점수가 되면 멈추도록 만들어 봅니다.

01 흐름의 `만일 참 이라면`과 움직임의 `방향을 90°(으)로 정하기` 블록을 블록 조립소에 드래그하여 연결합니다. 참에 판단의 `마우스포인터에 닿았는가?`를 끼워 넣고 '**점프 엔트리봇(1)**'으로 변경합니다. 방향값 '90'에 계산의 `0부터 10 사이의 무작위 수`를 끼워 넣고 '-30'부터 '30'으로 변경합니다.

02 [속성] 탭에 '점수' 변수를 추가하기 합니다. 자료의 `속도에 10 만큼 더하기` 블록을 블록 조립소에 드래그하여 연결하고 '속도'를 '**점수**'로 변경합니다.

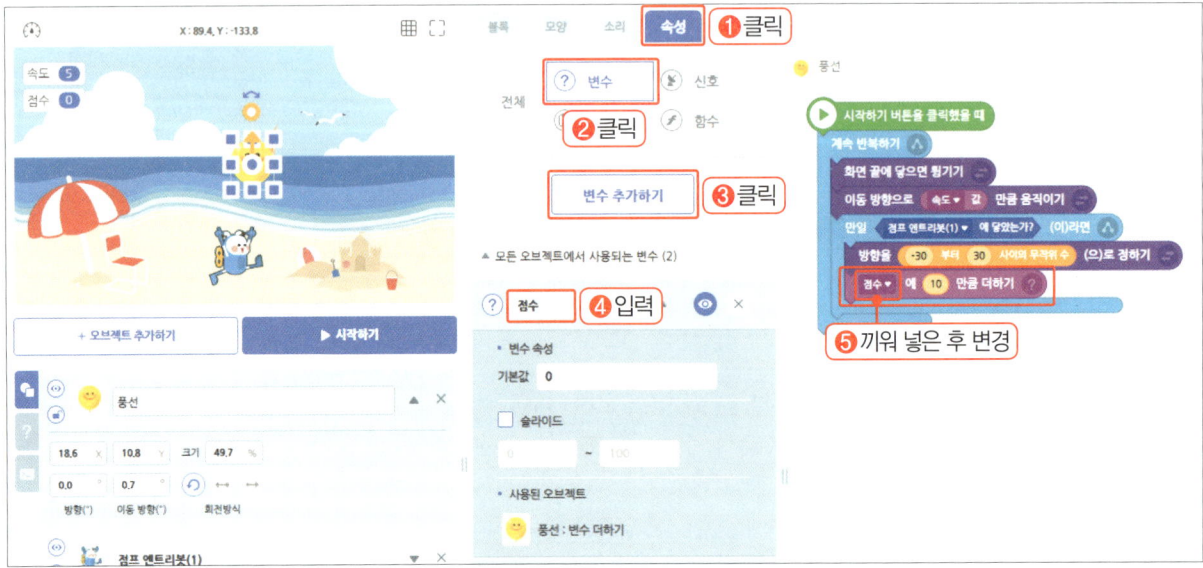

03 ![흐름] 의 [만일 참 이라면] 과 [모든▼ 코드 멈추기] 를 블록 조립소에 드래그하여 아래 그림과 같은 위치에 드래그하여 연결합니다. '참'에 [판단] 의 [마우스포인터▼ 에 닿았는가?] 를 끼워 넣고 **'아래쪽 벽'**으로 변경합니다.

03 x축으로만 움직이는 오브젝트 만들기

x축으로만 움직이는 오브젝트를 만들어 봅니다

01 '점프 엔트리봇(1)'을 클릭하고 [시작] 의 [시작하기 버튼을 클릭했을 때] 와 [흐름] 의 [계속 반복하기], [움직임] 의 [x: 10 위치로 이동하기] 를 블록 조립소에 드래그하여 연결합니다. x값에 [계산] 의 [마우스 x▼ 좌표] 를 끼워 넣기 합니다.

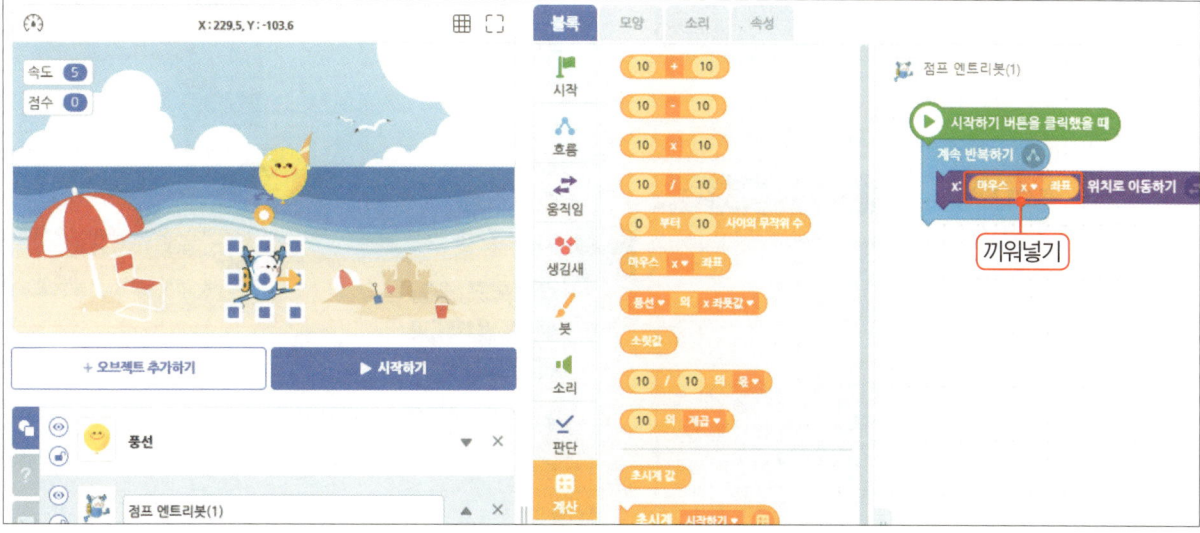

02 [흐름]의 `만일 참 이라면`과 `모든 코드 멈추기` 블록을 드래그하여 블록 조립소에 연결하고 참에 [판단]의 `10 = 10`을 끼워넣기 합니다. 앞의 '10'은 [자료]의 `점수 값`을 끼워 넣고 뒤의 '10'은 '**200**'으로 변경하여 점수가 200점이 되면 실행이 멈추도록 합니다.

03 [시작]의 `시작하기 버튼을 클릭했을 때`와 [흐름]의 `계속 반복하기`, `만일 참 이라면` 블록을 블록 조립소에 드래그하여 연결합니다. '참'에 `마우스포인터 에 닿았는가?`를 끼워 넣고 '**풍선**'으로 변경합니다.

04 [모양] 탭에 [모양 추가하기]를 클릭하고 '(3)엔트리봇_정면'을 모양 추가하기합니다. 모양을 '**(3)엔트리봇_정면**'으로 선택합니다.

05 생김새의 점프 엔트리봇_1▼ 모양으로 바꾸기 와 흐름의 2 초 기다리기 를 아래 그림과 같이 블록 조립소에 드래그하여 연결하고 복사하여 붙여넣기 합니다. 마지막 모양 블록을 '**(3)엔트리봇_정면**'으로 변경합니다.

혼자서 똑딱똑딱

01 오브젝트 추가하기를 클릭하고 마음에 드는 배경과 '노란색 보드' 오브젝트를 추가하기 합니다. '노란색 보드'가 마우스 포인터를 사용하여 x축으로만 움직이도록 만들어 봅니다.

📁 [예제파일] 노란보드.ent

02 아래 그림과 같은 오브젝트를 추가하기 하고 '엔트리 동전'이 속도값 '10'으로 움직이고 벽에 닿으면 튕기는 오브젝트를 만들어 봅니다.

 [예제파일] 엔트리동전.ent

19강 내친구 인공지능 엔트리

학습 목표
- 인공지능 블록 불러오기를 추가하여 말하는 엔트리를 만들어 봅니다.
- 오브젝트를 선택하면 장면 이동을 하도록 만들어 봅니다.

[완성파일] 내친구인공지능엔트리.ent

01 말하는 인공지능 엔트리 만들기

인공지능 블록 불러오기를 추가하여 말하는 엔트리를 만들어 봅니다.

01 오브젝트 추가하기(+ 오브젝트 추가하기)를 클릭하고 '걷는 엔트리봇', '라디오버튼', '엑스버튼', 배경에 '뒷동산' 오브젝트를 추가하기 합니다. 다시 오브젝트 추가하기(+ 오브젝트 추가하기)를 클릭하고 글상자에서 '나를 클릭해보세요'를 추가하기합니다. '걷는 엔트리봇' 오브젝트를 클릭하고 [모양] 탭에서 '걷는 엔트리봇_옆1,2'와 '걷는 엔틀봇_뒤1,2'를 삭제합니다.

02 의 시작하기 버튼을 클릭했을 때, 흐름의 계속 반복하기 와 생김새의 다음 모양으로 바꾸기, 흐름의 2초 기다리기 블록을 드래그하여 블록 조립소에 연결합니다. 기다리기 값을 '0.5'로 변경합니다.

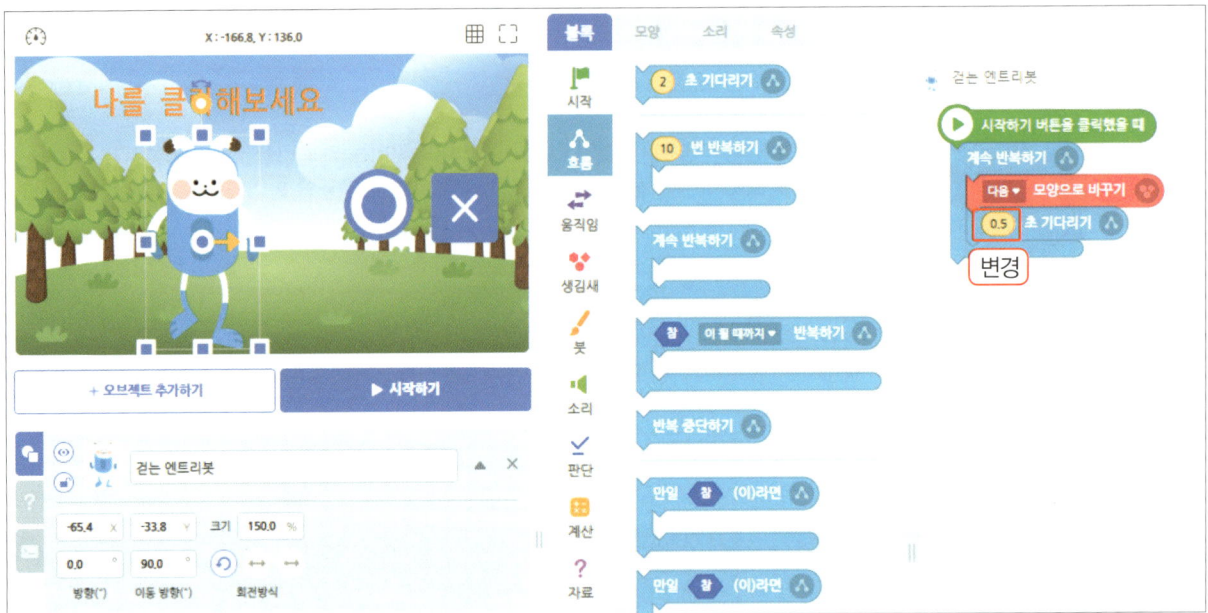

03 인공지능의 [인공지능 블록 불러오기]를 클릭하고 [읽어주기]를 추가합니다.

04 [속성] 탭을 클릭하고 '글자사라지기'를 신호 추가하기 합니다. 의 와 [글자사라지기]를 블록 조립소에 드래그하여 연결합니다.

05 의 와 의 를 블록 조립소에 드래그하여 연결하고 '엔트리'를 "반가워"로 '4초'는 '**1초**'로 말하기로 변경합니다.

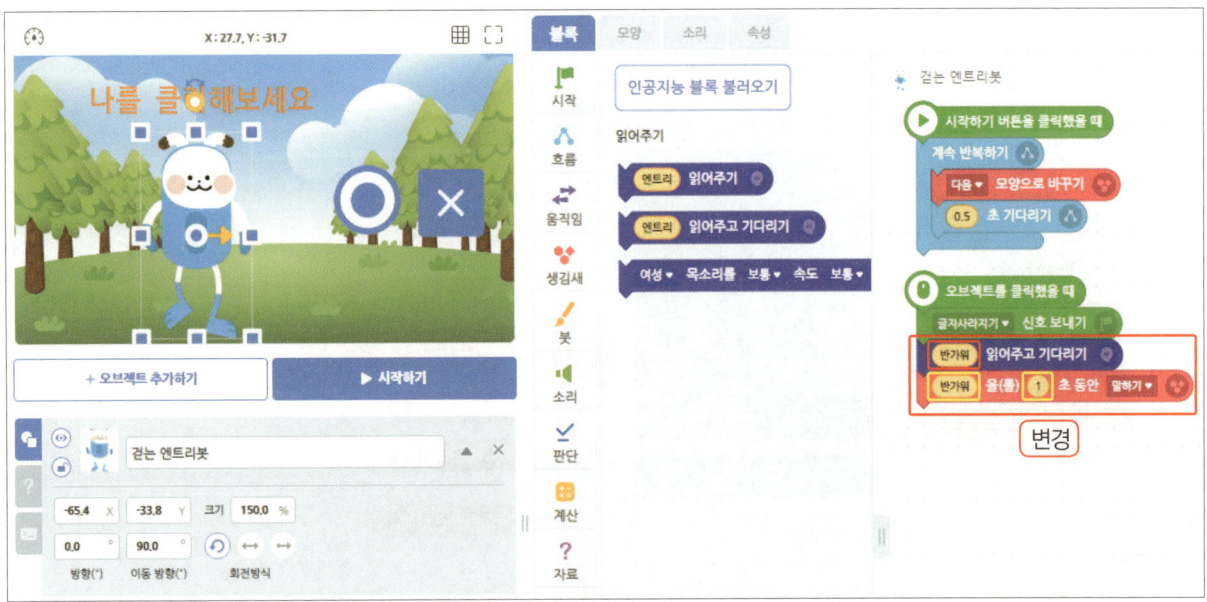

06 블록과 ![](반가워 을(를) 1 초 동안 말하기) 를 복사하고 붙여넣기 하여 아래 그림과 같이 엔트리의 대사를 입력합니다.

07 '나를 클릭해보세요' 오브젝트를 클릭하고 ![시작]의 와 ![생김새]의 를 블록 조립소에 드래그 하여 연결합니다.

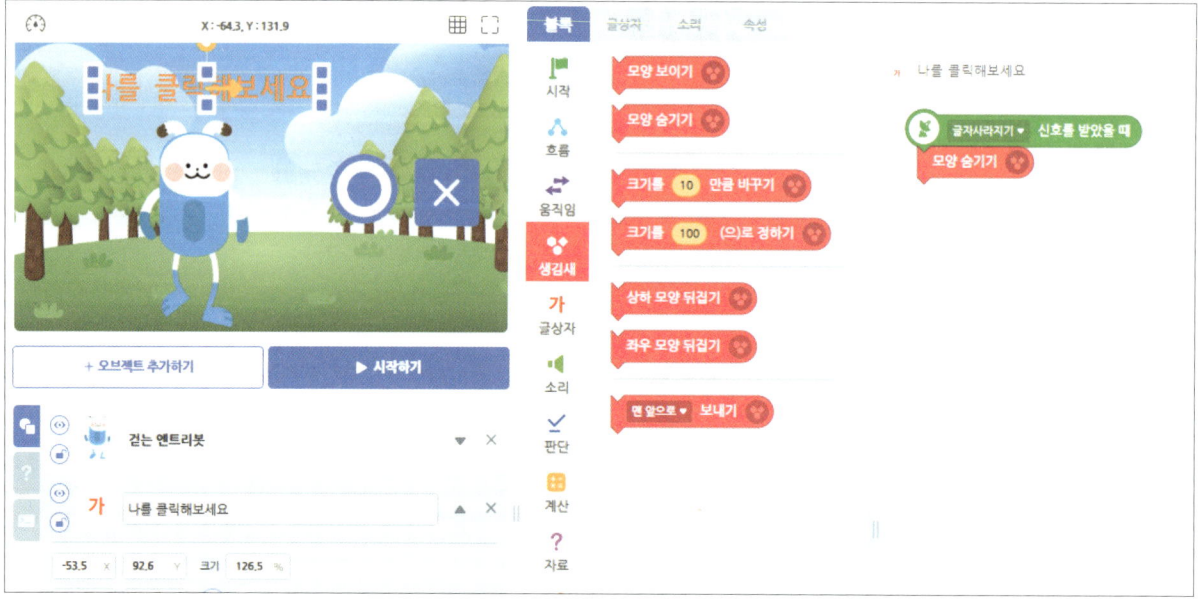

02 오브젝트를 선택하면 장면 이동하기

오브젝트를 선택하면 장면 이동을 하도록 만들어 봅니다.

01 [장면2]를 추가하고 오브젝트를 추가하기 하여 '엔트리봇 표정'과 배경에 '거실(1)'을 추가하기 합니다. '엔트리봇 표정'을 클릭하고 시작의 장면이 시작되었을때 와 생김새 의 모양 숨기기, 흐름 의 2 초 기다리기, 모양 보이기 를 블록 조립소에 드래그하여 연결합니다. 기다리기 값을 '2초'에서 '**1초**'로 변경합니다.

02 인공지능 의 여성▼ 목소리를 보통▼ 속도 보통▼ 음높이로 설정하기, 엔트리 읽어주고 기다리기 와 생김새 의 안녕! 을(를) 4 초 동안 말하기▼ 를 블록 조립소에 드래그하여 연결합니다. '여성'을 '**앙증맞은**'으로 변경하고 '엔트리'를 "**너와 친구가 되어서 기뻐**"로 변경합니다. '안녕'에도 "**너와 친구가 되어서 기뻐**"로 변경하고 '4초'를 '**1초**' 말하기로 변경합니다.

03 `엔트리 읽어주고 기다리기` 와 `너와 친구가 되어서 기뻐 을(를) 1 초 동안 말하기` 블록을 복사하고 붙여넣기하여 아래 그림과 같이 엔트리의 대사를 입력합니다. `생김새`의 `엔트리봇 표정_웃는 모양으로 바꾸기`을 블록 조립소에 드래그하여 연결하고 '**엔트리봇 표정_당당**'으로 변경합니다.

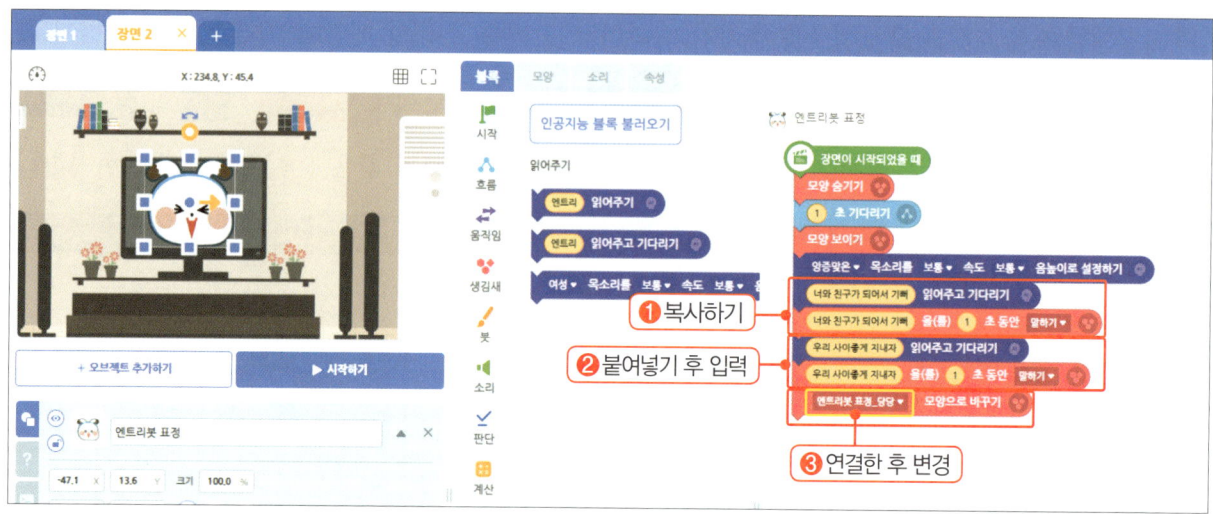

04 [장면3]을 추가하고 [장면2]와 같은 오브젝트를 추가하기 합니다. '엔트리 표정_웃는' 오브젝트를 클릭하고 [모양] 탭에서 '**엔트리봇 표정_슬픈**'으로 선택합니다. `시작`의 `장면이 시작되었을때`, `인공지능`의 `여성 목소리를 보통 속도 보통 음높이로 설정하기`, `엔트리 읽어주고 기다리기` 와 `생김새`의 `안녕! 을(를) 4 초 동안 말하기`, `시작`의 `장면 1 시작하기` 블록을 블록 조립소에 드래그하여 연결합니다. 아래그림과 같이 "**나는 너와 친구가 되고 싶어 다시 생각해 보겠니?**"라고 엔트리 대사를 입력합니다.

05 [장면1]을 클릭하고 '라디오버튼' 오브젝트를 클릭합니다. 의 , 를 블록 조립소에 드래그하여 연결하고 '장면2'로 변경합니다.

06 '엑스버튼'을 클릭하고 의 , 를 블록 조립소에 드래그하여 연결하고 '장면3'으로 변경합니다.

혼자서 똑딱똑딱

01 아래 그림과 같이 오브젝트를 추가하기 하고 인공지능 바오밥나무가 자신을 소개하는 대사를 입력해 봅니다. 바오밥 나무에서 남자 목소리가 나오도록 변경합니다.

[예제파일] 인공지능바오밥.ent

02 아래 그림과 같이 오브젝트를 추가하기 하고 버튼을 클릭하면 장면2로 이동한 후 달에 대한 설명을 하는 인공지능 고양이를 만들어 봅니다.

[예제파일] 인공지능달고양이.ent

20강 통역가 엔트리봇

학습 목표
- 오디오감지, 읽어주기 기능을 사용하여 마이크 연결이 되었는지 확인하고 말하는 대로 따라하는 엔트리봇을 만들어 봅니다.
- 부르면 반응하는 인공지능 엔트리봇을 만들어 봅니다.
- 번역 기능을 사용하여 문장을 영어로 바꾸어 말해주는 엔트리봇을 만들어 봅니다.

[완성파일] 통역가엔트리봇.ent

01 마이크 연결 확인 후 말듣고 따라하기

오디오감지, 읽어주기 기능을 사용하여 마이크 연결이 되었는지 확인하고 말하는 대로 따라하는 엔트리봇을 만들어 봅니다.

01 오브젝트 추가하기(+오브젝트 추가하기)를 클릭하고 '엔트리봇 표정', '스마트폰', '스피커(1), 배경에 '단색 배경' 오브젝트를 추가하기 합니다. 드래그하여 원하는 크기와 위치를 조절합니다. 인공지능 의 [인공지능 블록 불러오기]를 클릭하고, [번역], [오디오 감지], [읽어주기]를 클릭 후 추가합니다.

111

02 '스피커(1)' 오브젝트를 클릭합니다. 의 , 의 와 의 , 의 블록을 드래그하여 블록 조립소에 아래 그림처럼 연결합니다.

03 '참'에 의 , '안녕'에 블록을 끼워 넣고 기다리기 값을 '**2초**'로 변경합니다. 아니면 블록 사이에 "**마이크 연결이 필요합니다.**"를 입력하고 기다리기 값을 '**2초**'로 변경합니다.

04 '엔트리봇 표정' 오브젝트를 클릭합니다. 시작의 오브젝트를 클릭했을 때, 흐름의 계속 반복하기 와 인공지능의 음성 인식하기, 엔트리 읽어주고 기다리기, 생김새의 안녕! 을(를) 4 초 동안 말하기▼ 블록을 드래그하여 블록 조립소에 연결합니다.

05 '엔트리'와 '안녕!'에 인공지능의 음성을 문자로 바꾼 값 을 끼워 넣습니다.

02 부르면 반응하는 인공지능 엔트리봇 만들기

부르면 반응하는 인공지능 엔트리봇을 만들어 봅니다.

01 [장면2]를 추가합니다. 오브젝트 추가하기(+ 오브젝트 추가하기)를 클릭하고 '엔트리봇 표정', '스마트폰', 배경의 '단색 배경' 오브젝트를 추가하기 합니다. 드래그하여 원하는 크기와 위치를 조절하고 '단색 배경' 오브젝트를 클릭하고 [모양] 탭의 **분홍색배경_1**'로 클릭하여 변경합니다.

02 '엔트리봇 표정' 오브젝트를 클릭합니다. 의 , , 의 음성 인식하기 , 의 만일 참 이라면 과 의 엔트리 읽어주고 기다리기 , 의 안녕! 을(를) 4 초 동안 말하기 블록을 드래그하여 블록 조립소에 연결합니다.

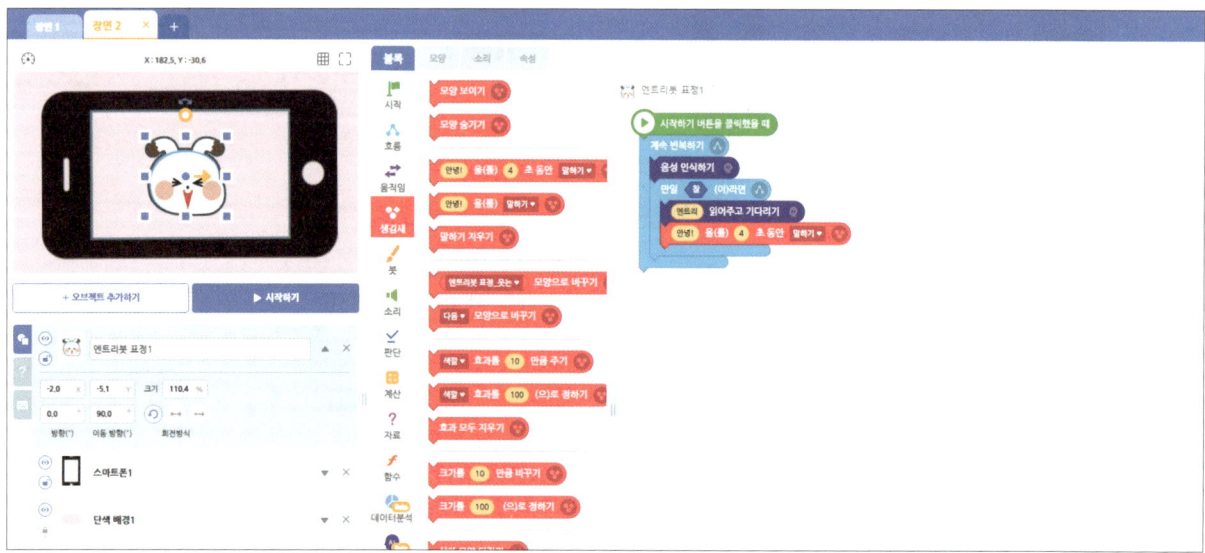

03 '참'에 ▼의 `10 = 10` 을 끼워 넣은 후 앞의 '10'에 인공지능의 `음성을 문자로 바꾼 값` 을 끼워 넣기 하고 뒤의 '10'은 "**엔트리**"를 입력합니다. 아래 그림과 같이 "**안녕하세요 무엇을 도와드릴까요?**"라고 엔트리봇이 대답하도록 입력합니다.

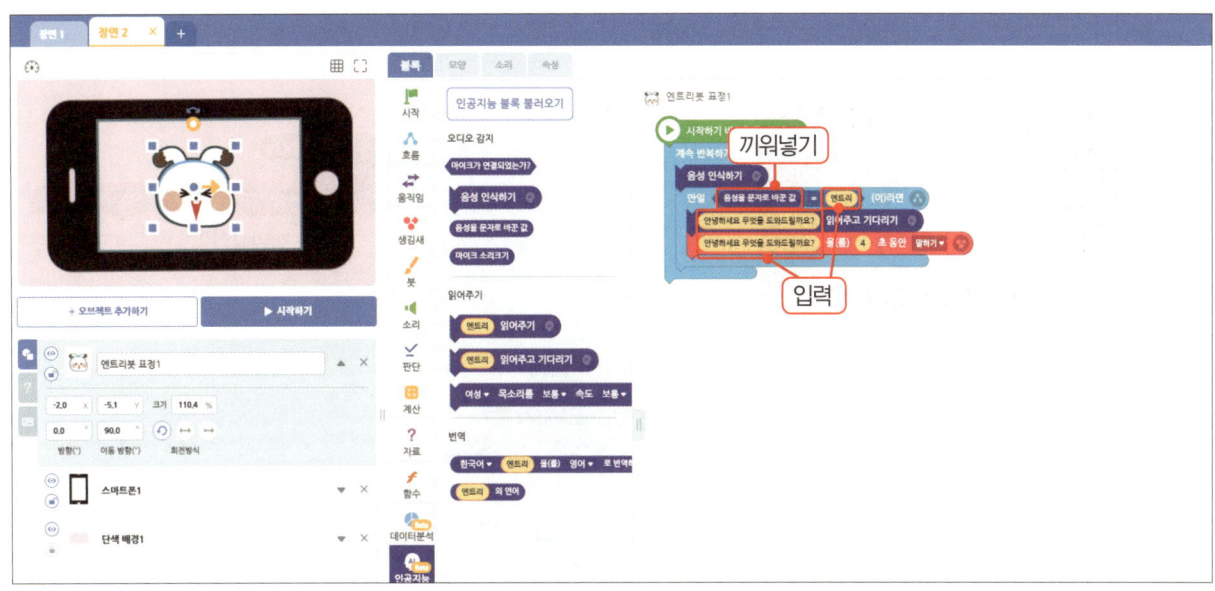

03 번역 기능을 사용하여 문장을 영어로 바꾸어 말해주는 엔트리봇를 만들기

번역 기능을 사용하여 문장을 영어로 바꾸어 말해주는 엔트리봇을 만들어 봅니다.

01 [장면3]를 추가합니다. 오브젝트 추가하기(+오브젝트 추가하기)를 클릭하고 '엔트리봇 표정', '스마트폰', 배경의 '단색 배경' 오브젝트를 추가하기 합니다. 드래그하여 원하는 크기와 위치를 조절하고 '단색 배경' 오브젝트와 '엔트리봇 표정' 오브젝트를 [모양] 탭에서 원하는 모양으로 변경합니다.

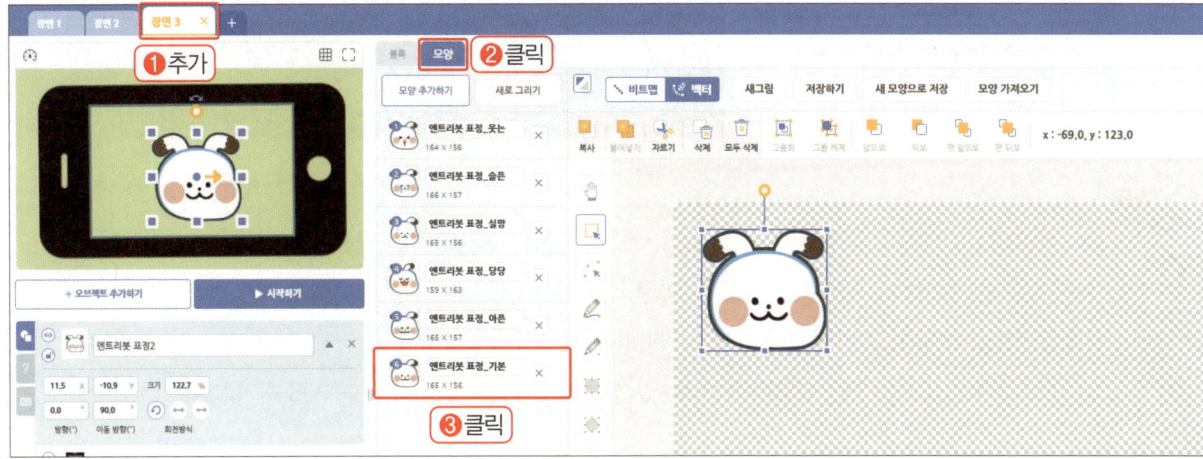

02 '엔트리봇 표정'을 클릭합니다. 의 `오브젝트를 클릭했을 때` 와 의 `음성 인식하기`, `엔트리 읽어주기` 블록을 드래그하여 블록 조립소에 연결합니다. '엔트리'에 `한국어▼ 엔트리 을(를) 영어▼ 로 번역하기` 를 끼워넣고 끼워넣은 블록의 '엔트리'에 `음성을 문자로 바꾼 값` 을 끼워 넣습니다.

03 각 장면을 선택하고 시작하기를 클릭합니다. 오브젝트를 클릭하고 말을 해봅니다.

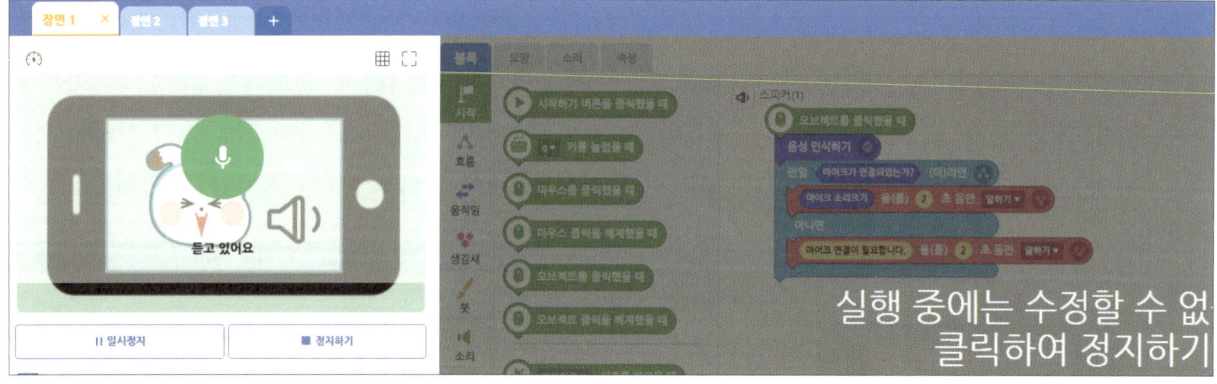

TIP
- [장면1]을 실행하고 다양한 소리크기를 내어 봅니다. 소리크기를 숫자로 보여집니다.
- [장면2]를 실행하고 "엔트리"라고 불러 봅니다.
- [장면3]을 실행하고 간단한 문장을 말해보세요.
- 엔트리가 인식하는 데 시간이 걸릴 수 있습니다. 반응할 때까지 계속 시도해 봅니다.

혼자서 똑딱똑딱

01 아래 그림과 같이 오브젝트를 추가하기 하고 '엔트리'라고 말하면 남자 목소리로 답하는 블록을 코딩해 봅니다.

[예제파일] 엔트리라고불러봐요.ent

02 아래 그림과 같이 오브젝트를 추가하기 하고 '오늘 기분이 좋아'라고 말하면 영어로 번역해서 말하도록 코딩해 봅니다. 화면에 번역한 영어 문장이 보이도록 코딩해 봅니다.

[예제파일] 영어천재엔순이.ent

21강 개와 고양이 구분하기

학습 목표
- 인공지능 모델 학습하기에서 이미지 데이터를 입력합니다.
- 개와 고양이를 구분하는 엔트리봇을 만들어 봅니다.

[완성파일] 개와고양이구분하기.ent

01 인공지능 모델 학습하기

인공지능 모델 학습하기에서 이미지 데이터를 입력합니다.

01 playentry.org 사이트에 들어가서 로그인을 합니다. [만들기]-[작품 만들기]를 클릭합니다.

02 오브젝트 추가하기(+오브젝트 추가하기)를 클릭하고 '(3)엔트리봇', '강아지', '아기 고양이(3)', 배경에 '거실(2)' 오브젝트를 추가합니다. 각 오브젝트를 드래그하여 크기와 위치를 조절하고 [인공지능]의 [인공지능 모델 학습하기]를 클릭합니다.

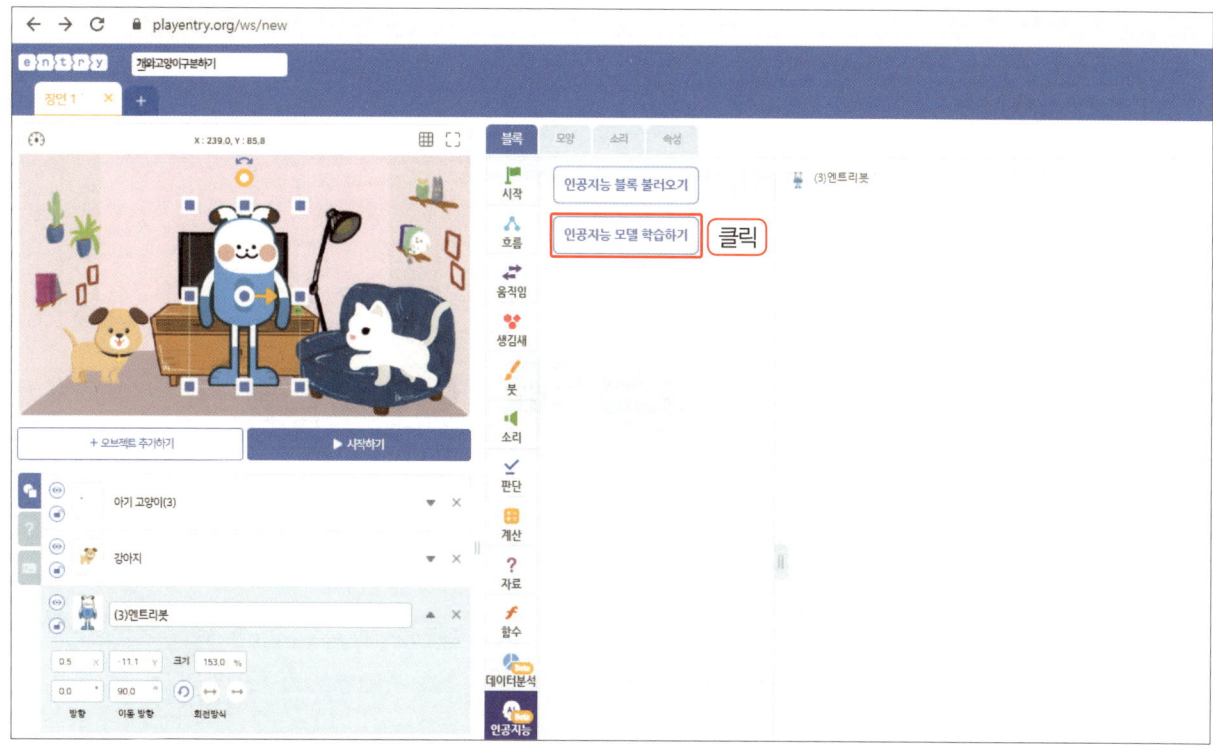

03 학습할 모델 선택하기에서 [새로 만들기]-[분류:이미지]를 선택하고 학습하기를 클릭합니다.

04 분류:이미지 모델 학습하기에서 새로운 모델 란에 '개와 고양이'를 입력하고 [데이터 입력]에 '클래스 1'에는 '개'를 입력합니다. [파일 올리기]를 클릭하고 개와 고양이 폴더에서 개 이미지 5개를 선택하고 열기를 클릭합니다.

05 [데이터 입력]에 '클래스 2'에는 '고양이'를 입력합니다. [파일 올리기]를 클릭하고 개와 고양이 폴더에서 개 이미지 5개를 선택하고 열기를 클릭합니다. 개와 고양이 폴더에서 고양이 이미지를 5개 선택하고 열기를 클릭합니다. [학습]의 [모델 학습하기] 클릭한 후 100%가 될 때까지 기다립니다.

06 [결과]의 [파일 올리기]를 클릭하고 이미지 폴더에서 마지막 고양이 이미지를 선택해서 열기를 클릭합니다.

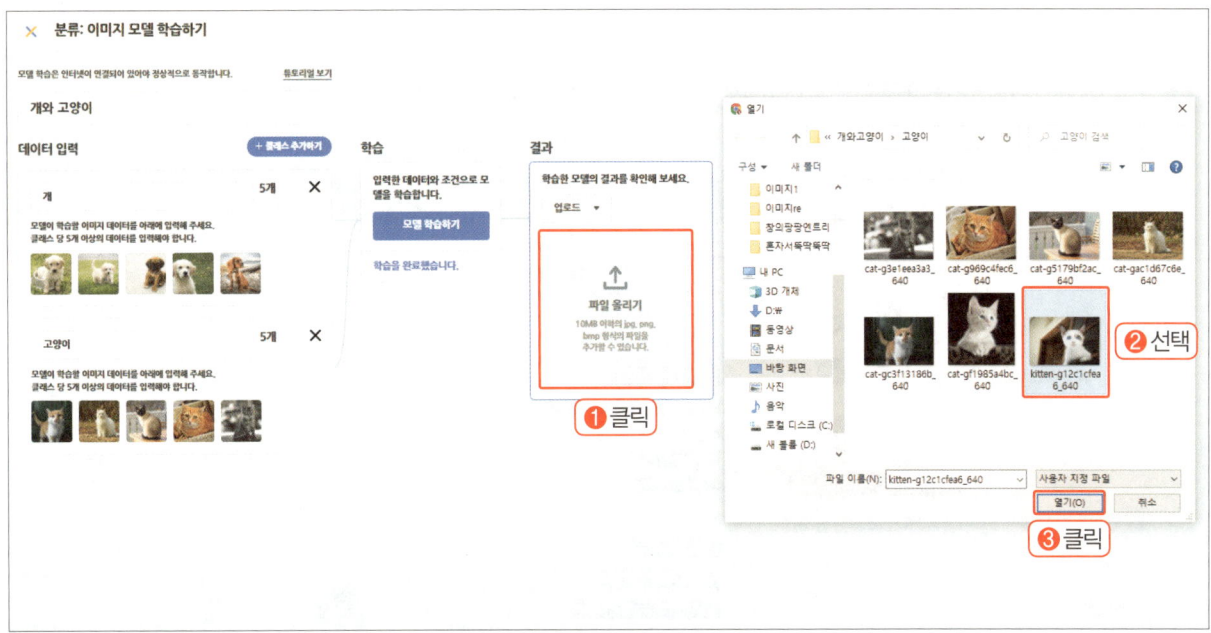

07 이미지가 업로드되었다면 결괏값을 확인하고 적용하기를 클릭합니다.

02 개와 고양이를 구분하는 엔트리봇 만들기

개와 고양이를 구분하는 엔트리봇을 만들어 봅니다.

01 [인공지능 블록 불러오기]에 [읽어주기]를 선택하고 불러오기를 클릭합니다.

02 '(3)엔트리봇' 오브젝트를 클릭하고 [시작] 의 [시작하기 버튼을 클릭했을 때] 와 [인공지능] 의 [학습한 모델로 분류하기], [흐름] 의 [만일 참 이라면 아니면] 블록을 블록 조립소에 드래그하여 연결합니다. '참'에 [분류 결과가 개 인가?]를 끼워 넣기합니다.

03 [인공지능]의 [엔트리 읽어주기]와 [생김새]의 [안녕! 을(를) 말하기▼] 블록을 블록 조립소에 드래그하여 연결합니다. '엔트리'와 '안녕'에 [인공지능]의 [분류 결과]를 끼워넣기 합니다.

04 [인공지능]의 [엔트리 읽어주기]와 [움직임]의 [안녕! 을(를) 말하기▼] 블록을 아니면 블록 사이에 끼워 넣어 연결합니다. '엔트리'와 '안녕'에 **"고양이"**라고 입력합니다.

05 시작하기(▶ 시작하기)를 실행하고 [데이터 입력] 팝업창에 [파일 올리기]를 클릭합니다. 고양이 이미지를 선택하고 열기를 클릭합니다. 업로드된 고양이 이미지를 [적용하기]하고 결괏값을 확인합니다.

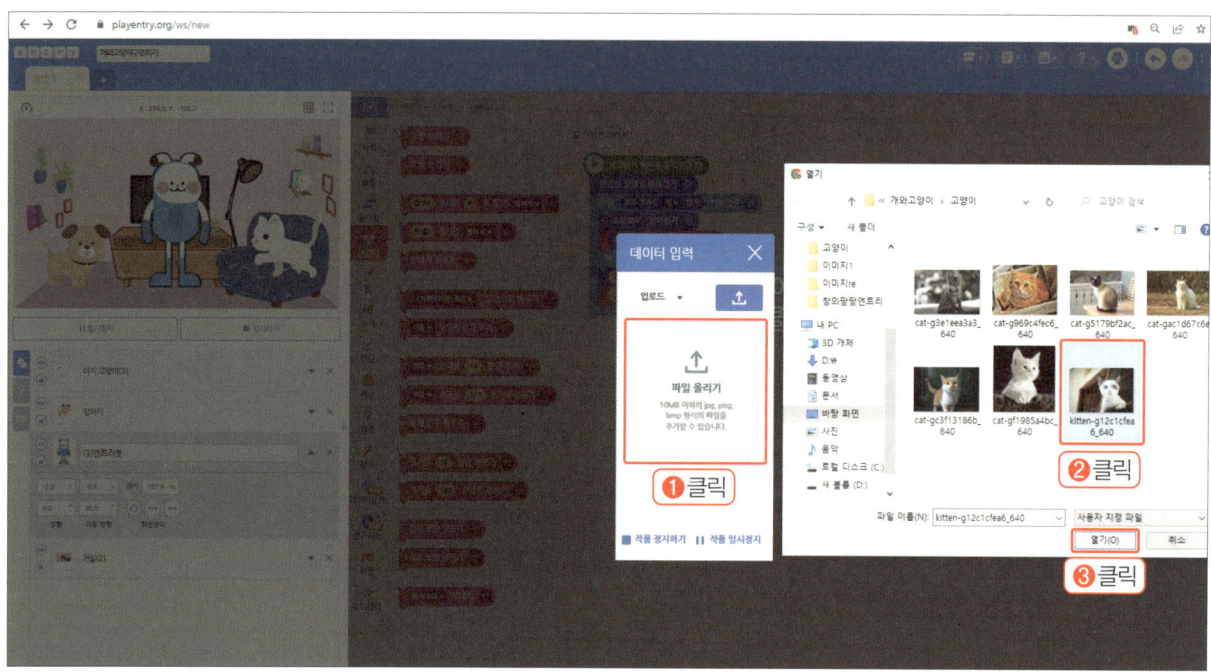

TIP 인공지능 모델 학습하기를 이용하여 블록을 코딩하려면 반드시 엔트리 사이트(playentry.org)에 접속하고 로그인을 하여야 합니다. 엔트리 사이트의 작품 공유하기에서 다른 사람들의 작품도 살펴봅니다.

혼자서 똑딱똑딱

01 https://playentry.org에 접속하고 로그인을 합니다. '새와 곤충' 폴더의 새와 곤충 이미지를 사용하여 아래 그림과 같이 이미지 모델 학습하기를 진행하고 학습한 모델의 결과를 확인해 봅니다.

[예제파일] 새와곤충데이타학습.png

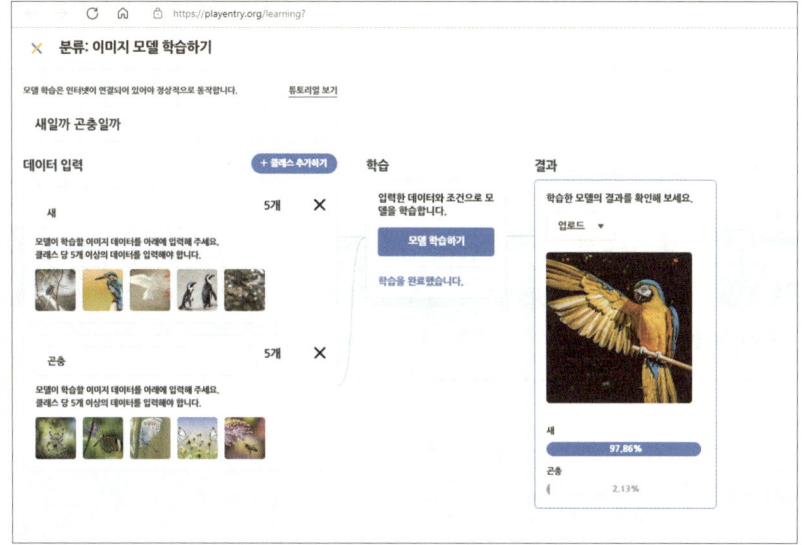

02 01번에서 입력한 데이터를 적용하기 합니다. 아래 그림과 같이 [오브젝트를 추가하기]하여 새와 곤충 중 하나의 이미지를 선택한 후 [파일 올리기]를 합니다. '할로윈' 오브젝트가 구분 결과를 말하도록 만들어 봅니다.

[예제파일] 새일까곤충일까.ent

22강 두더지 펀치 게임

학습 목표
- 회전블록을 사용하여 모양이 바뀌는 오브젝트를 만듭니다.
- 일정 시간이 지나면 게임이 멈추도록 코딩합니다.
- 계속 모양이 변하고 글로브에 닿으면 점수가 획득되는 오브젝트를 만들어 봅니다.

[완성파일] 두더지펀치게임.ent

01 회전블록을 사용하여 모양이 바뀌는 오브젝트 만들기

회전블록을 사용하여 모양이 바뀌는 오브젝트를 만듭니다.

01 오브젝트 추가하기(+오브젝트 추가하기)를 클릭합니다. '두더지', '글러브', 배경에 '초원' 오브젝트를 추가하기 하고 원하는 크기와 위치를 조절합니다

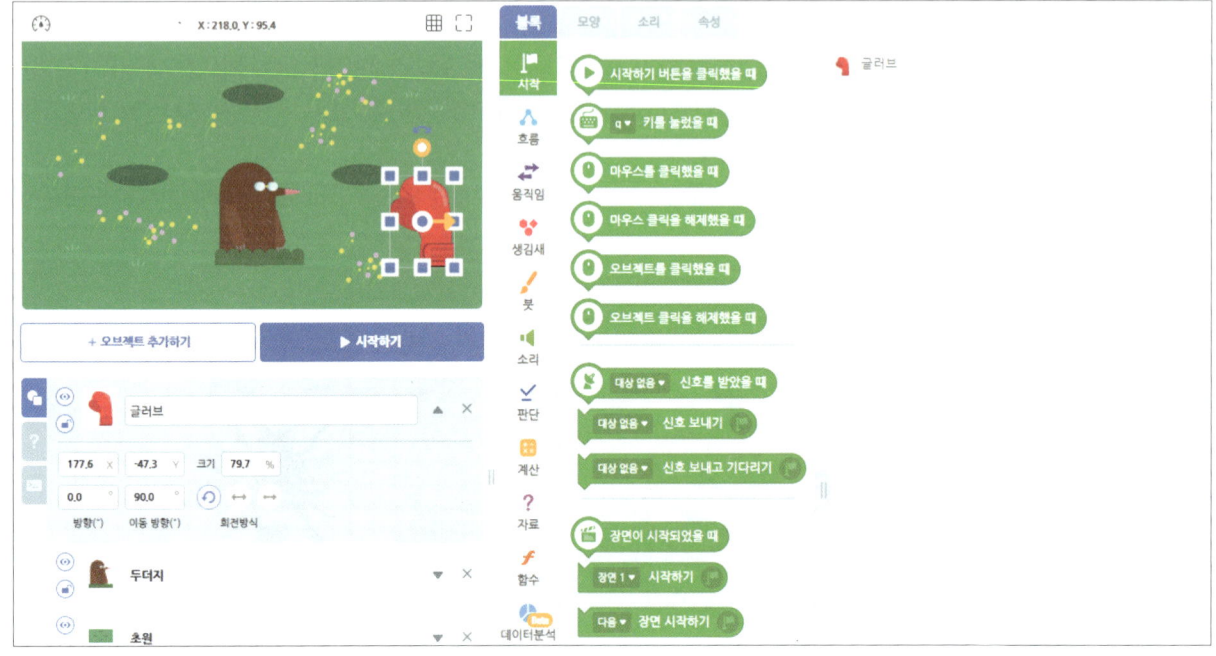

02 '글러브' 오브젝트를 클릭하고 시작의 `시작하기 버튼을 클릭했을 때`와 흐름의 `계속 반복하기`, 움직임의 `글러브▼ 위치로 이동하기`, 흐름의 `만일 참 이라면`을 드래그하여 블록 조립소에 연결합니다. '글러브'를 '마우스포인터'로 변경하고 '참'에 판단의 `마우스를 클릭했는가?`를 끼워 넣기 합니다.

03 소리 탭에 '기합'을 소리 추가하기 합니다. 움직임에 `방향을 90° 만큼 회전하기`와 소리의 `소리 기합▼ 1 초 재생하고 기다리기`를 드래그하여 블록 조립소에 연결하고 방향을 '-60도'로 기다리기 값을 '0.2초'로 변경합니다.

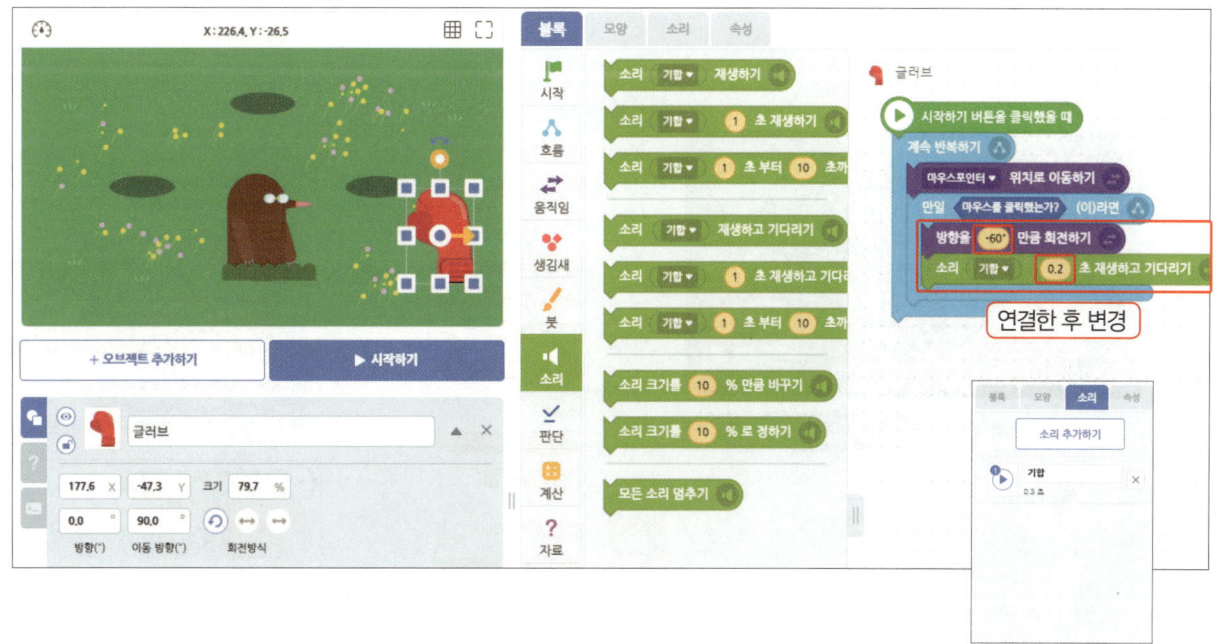

04 ![흐름]의 ![2초 기다리기]와 ![움직임]의 ![방향을 90° 만큼 회전하기] 블록을 드래그하여 블록 조립소에 연결하고 기다리기 값을 '**0.2초**'로 방향을 '**60도**'로 변경합니다.

02 일정 시간이 지나면 게임 멈추기

일정 시간이 지나면 게임이 멈추도록 코딩합니다.

01 ![시작]의 ![시작하기 버튼을 클릭했을 때]와 ![계산]의 ![초시계 시작하기], ![흐름]의 ![참 이(가) 될 때까지 기다리기]를 드래그하여 블록 조립소에 연결합니다. '참'에 ![판단]의 ![10 > 10]을 끼워 넣고 앞에 '10'에 ![계산]의 ![초시계 값]을 끼워 넣기 합니다.

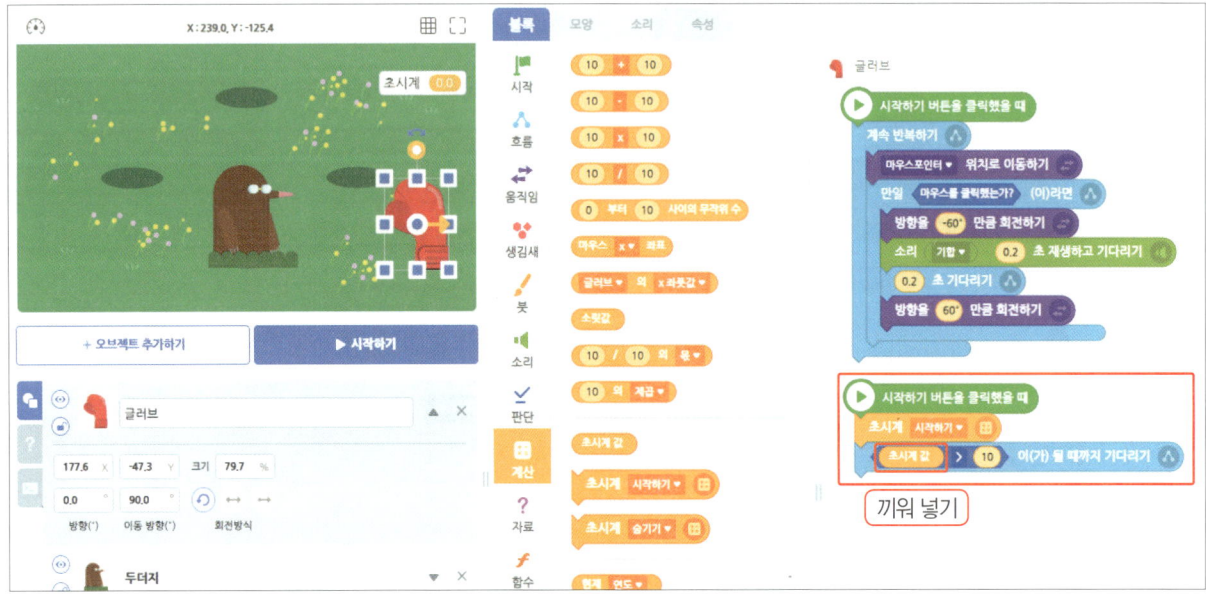

02 ⊞의 `초시계 시작하기` 와 ⋀의 `모든 코드 멈추기` 를 드래그하여 블록 조립소에 연결하고 초시계 '정지하기'로 클릭하여 변경합니다.

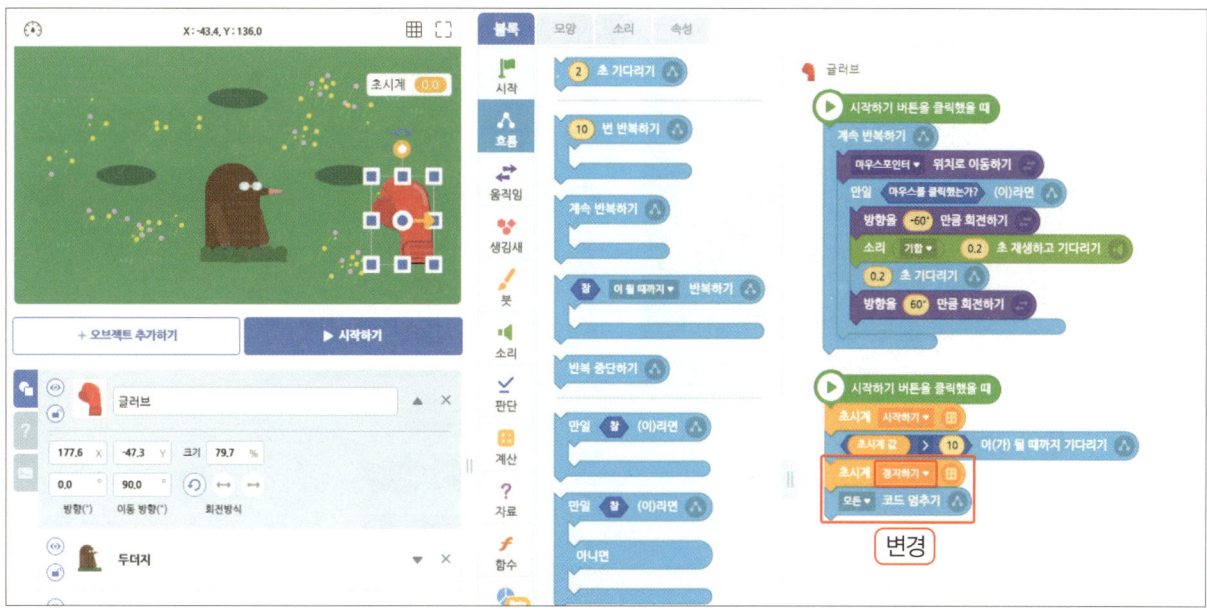

03 계속 모양이 변하고 글로브에 닿으면 점수가 획득되는 오브젝트 만들기

계속 모양이 변하고 글로브에 닿으면 점수가 획득되는 오브젝트를 만들어 봅니다.

01 '두더지' 오브젝트를 클릭하고 [속성] 탭에 '점수' 변수를 추가하기 합니다.

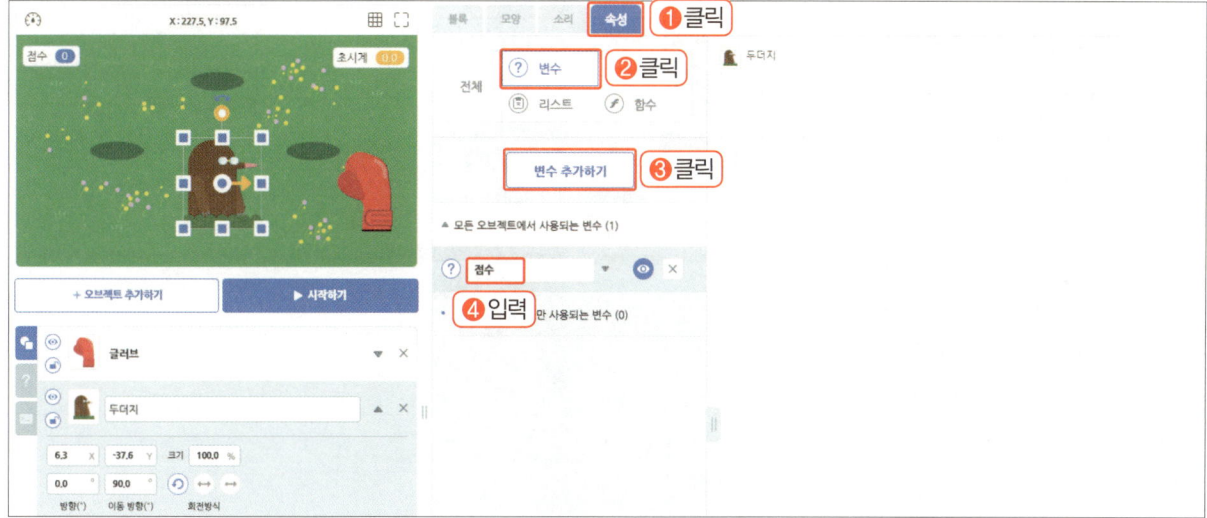

02 의 시작하기 버튼을 클릭했을 때 와 흐름 의 계속 반복하기, 생김새 의 다음 모양으로 바꾸기, 흐름 의 2 초 기다리기 를 드래그하여 블록 조립소에 연결합니다. 기다리기 값을 '0.2초'로 변경합니다.

03 흐름 의 만일 참 이라면 과 자료 의 점수에 10 만큼 더하기 를 드래그하여 블록 조립소에 연결합니다. '참'에 판단 의 마우스포인터 에 닿았는가? 를 끼워 넣고 '마우스포인터'를 **글러브**로 클릭하여 변경합니다.

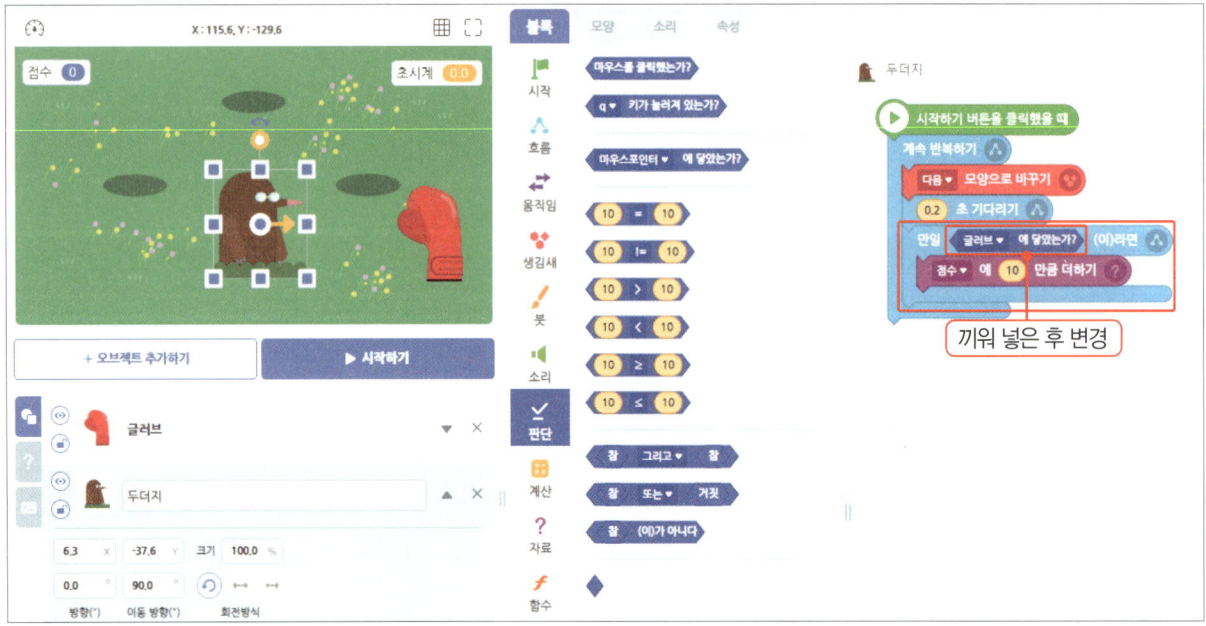

04 '두더지' 오브젝트를 복제하고 드래그하여 원하는 위치로 이동합니다. '두더지1' 오브젝트의 [모양] 탭에서 '두더지_4'를 선택하고 '두더지_2'는 삭제합니다.

05 '두더지'를 복제하여 '두더지2'와 '두더지3' 오브젝트를 추가하고 드래그하여 원하는 위치로 조절합니다. 각각의 오브젝트를 [모양] 탭에서 원하는 모양으로 선택하고 원하지 않는 모양은 삭제합니다.

06 '두더지3' 오브젝트를 클릭하고 복제된 블록에 기다리기 값을 '**0.5초**'로 변경합니다.

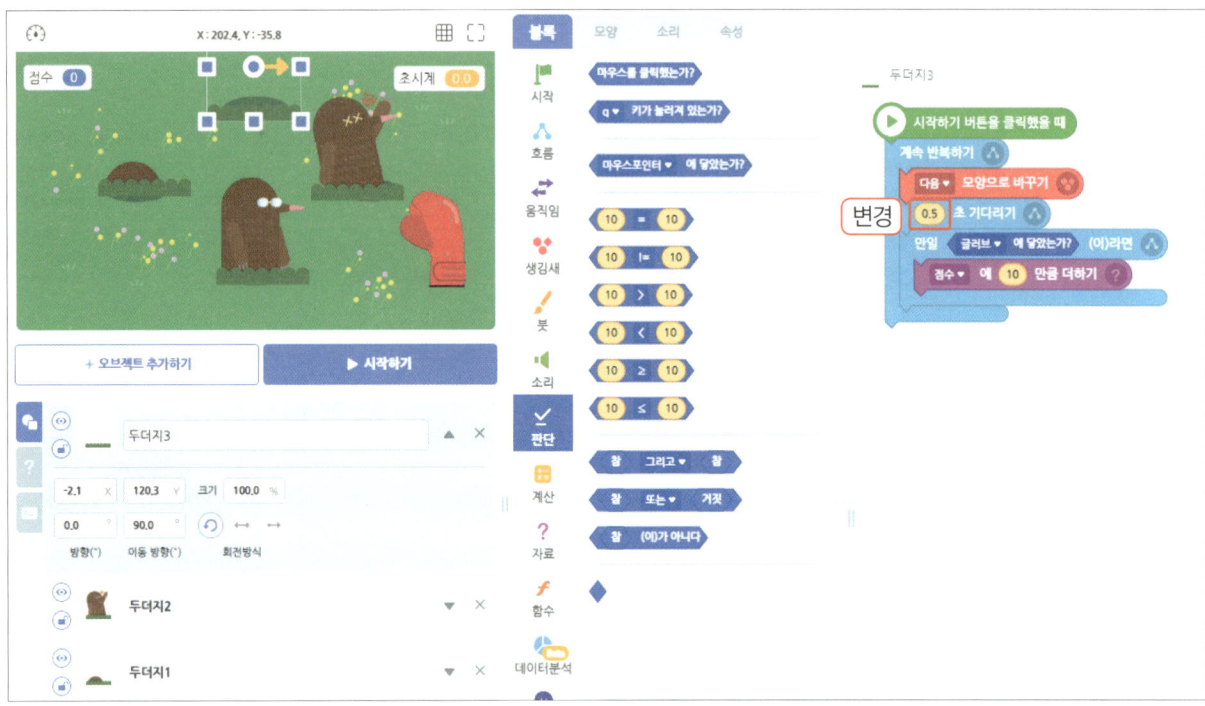

07 시작하기(▶시작하기)를 클릭합니다. 10초 동안 펀치게임을 한 점수를 확인합니다.

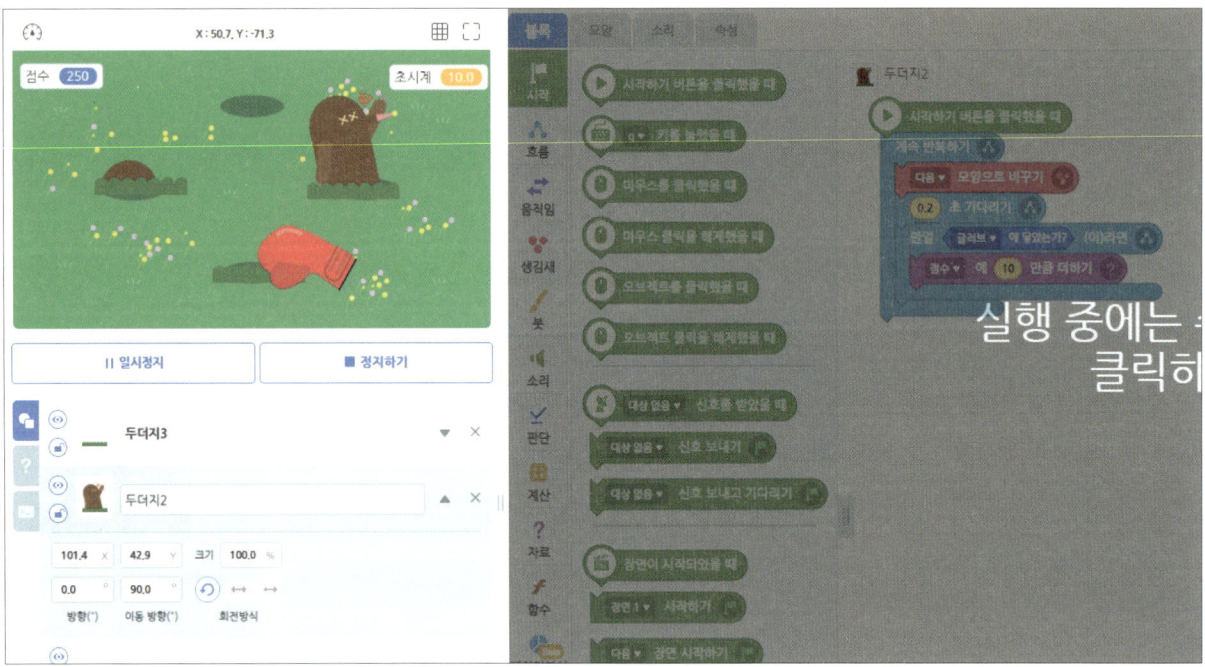

혼자서 똑딱똑딱

01 오브젝트 추가하기를 클릭하고 '부딪힌 엔트리봇', '뽕망치', 배경에 '초등학교' 오브젝트를 추가합니다. 뽕망치를 맞으면 모양이 변하고 소리를 내는 엔트리봇을 만들어 봅니다.

📁 [예제파일] 뽕망치.ent

02 아래 그림과 같이 원하는 오브젝트를 추가하고 지팡이를 클릭하며 위아래로 움직이도록 만들어 봅니다. 제한 시간 5초 동안 지팡이에 닿으면 오브젝트들이 사라지도록 만들어 봅니다.

📁 [예제파일] 유령물리치기.ent

23강 1박2일 저녁복불복

학습 목표
- 돌림판을 새로그리기로 만들어 봅니다.
- 시작하기 버튼을 클릭하면 돌림판이 돌아가도록 만들어 봅니다.
- 멈춤 버튼을 클릭하면 돌림판이 멈추도록 만들어 봅니다.

[완성파일] 1박2일 저녁복불복.ent

01 돌림판 만들기

돌림판을 새로 그리기로 만들어 봅니다.

01 오브젝트 추가하기(+ 오브젝트 추가하기)를 클릭합니다. '시작 버튼', '정지 버튼', '삼각형', 배경에 '별이 빛나는 숲' 오브젝트를 추가하고 드래그하여 원하는 위치와 크기로 조절합니다.

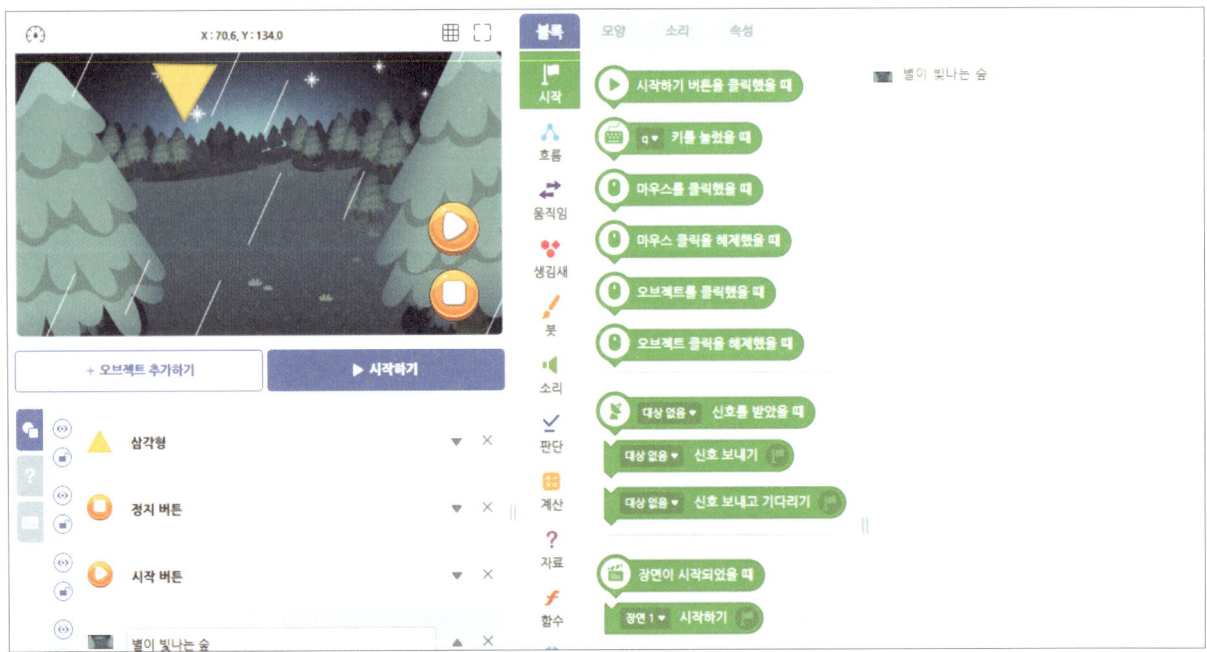

02 오브젝트 추가하기(+오브젝트 추가하기)를 클릭합니다. [새로 그리기]를 선택하고 [이동]을 클릭합니다. [모양] 탭에 그림판에 '원그리기'를 클릭하고 드래그하여 원하는 크기와 색을 선택합니다.

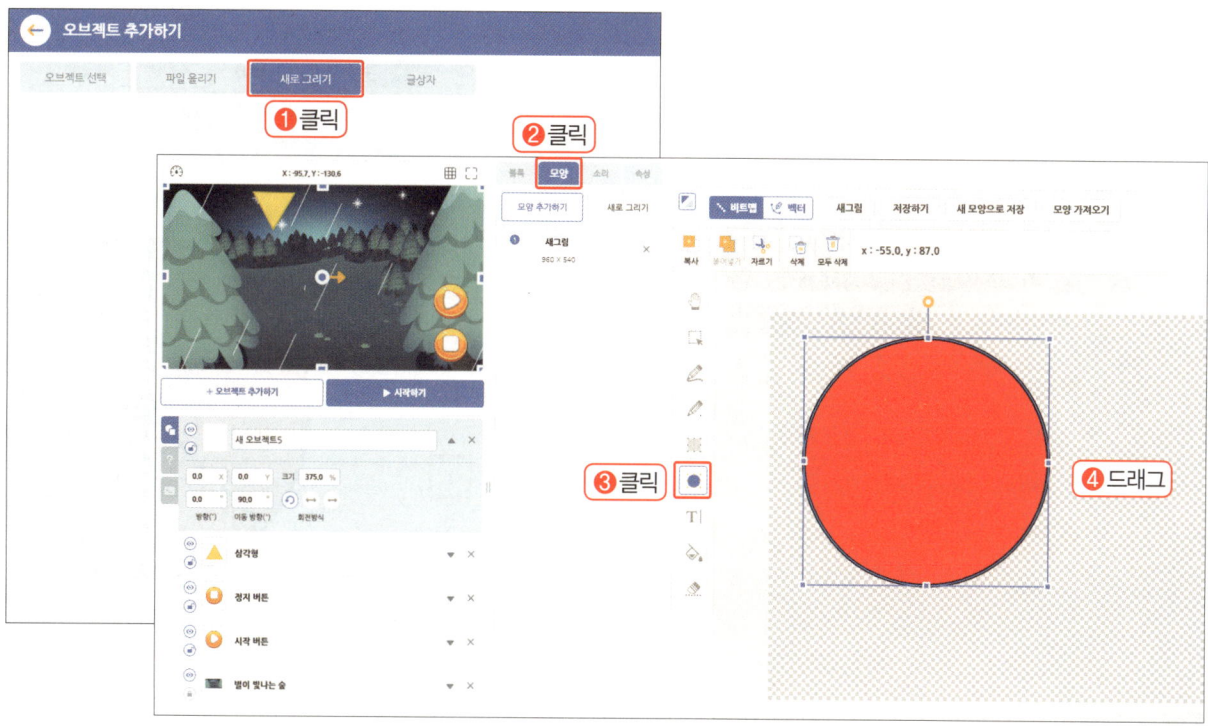

03 '선그리기'를 클릭하고 원안에 8칸이 생기도록 드래그하여 선을 그립니다.

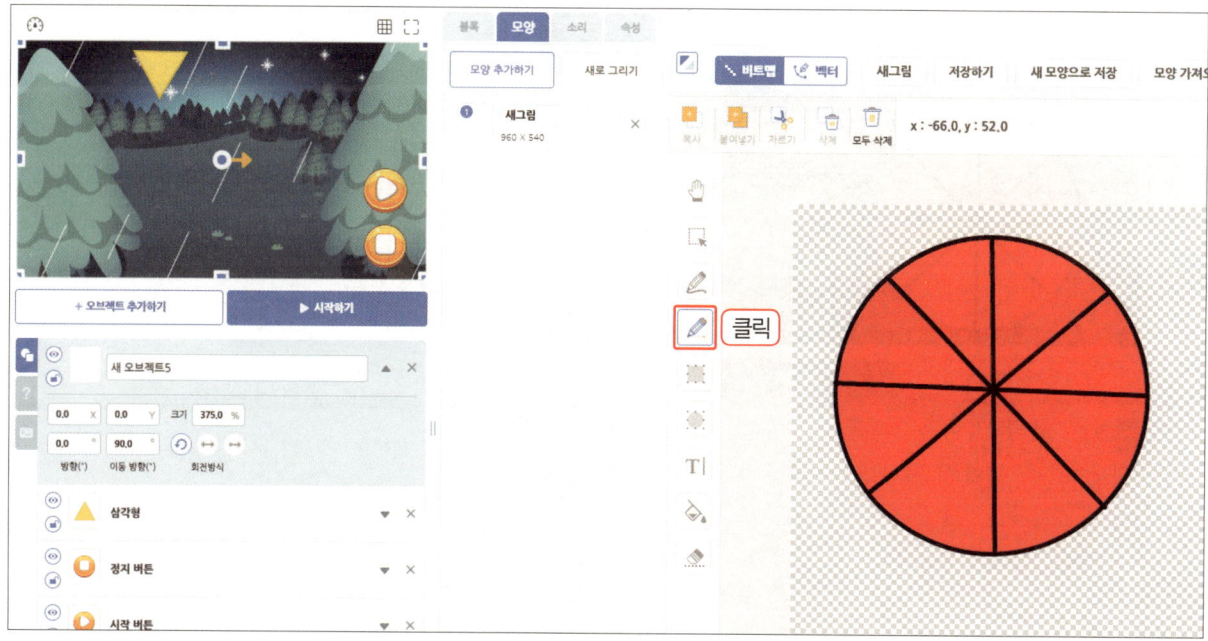

04 '글상자'를 클릭합니다. 원하는 글꼴과 색상 등을 선택하고 '김치, 라면, 꽝, 삼겹살, 감자'를 입력합니다. [저장하기]를 클릭합니다. '새 오브젝트5'의 이름을 '돌림판'으로 입력하여 변경합니다.

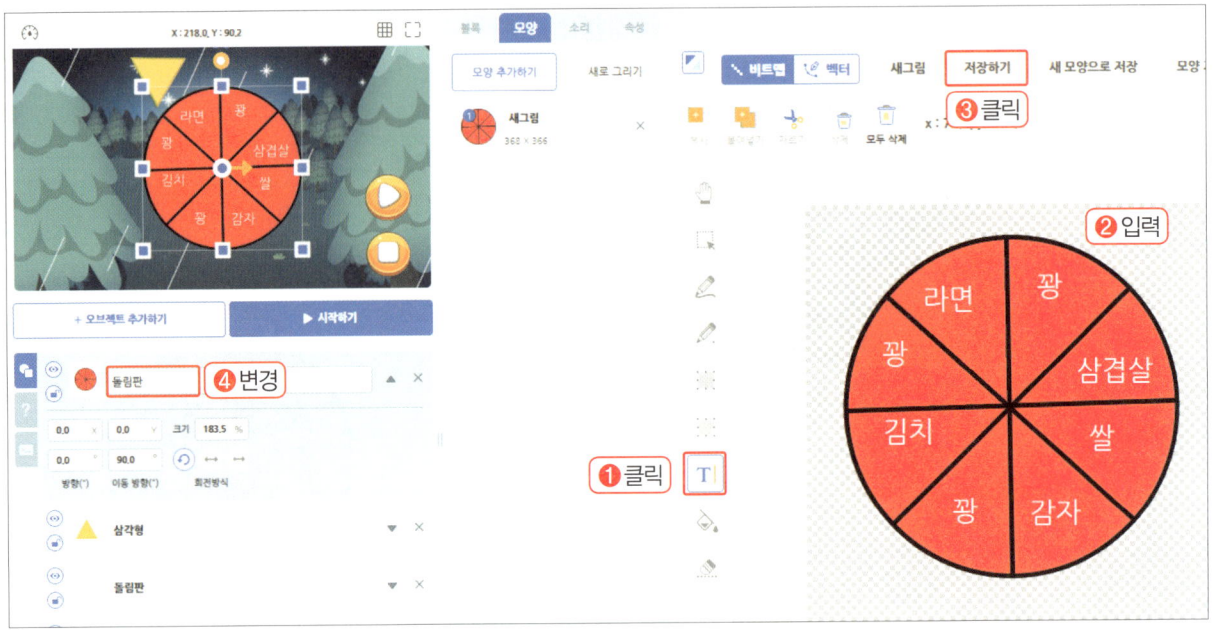

05 '돌림판' 오브젝트를 드래그하여 원하는 위치와 크기로 조절합니다. 오브젝트 추가하기(+ 오브젝트 추가하기)를 클릭하고 [글상자]에서 '저녁 복불복'을 입력합니다. 원하는 글씨체와 색등을 선택하고 적용하기를 클릭합니다.

02 시작하기 버튼을 클릭하면 돌림판 돌아가기

시작하기 버튼을 클릭하면 돌림판이 돌아가도록 만들어 봅니다.

01 '시작 버튼' 오브젝트를 클릭합니다. [속성] 탭에 '시작하기' 신호 추가하기를 합니다.

02  의 `오브젝트를 클릭했을 때` 와 `시작하기▼ 신호 보내기` 를 드래그하여 블록 조립소에 연결합니다.

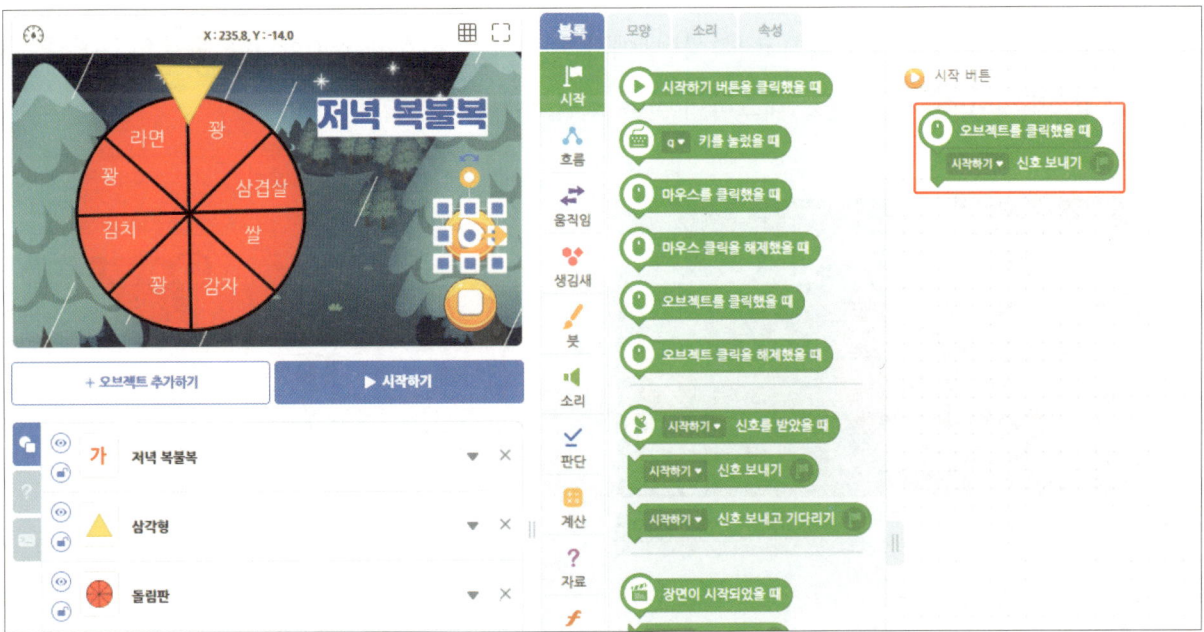

03 '돌림판' 오브젝트를 클릭합니다. 시작 의 시작하기▼ 신호를 받았을 때 와 흐름 의 계속 반복하기, 움직임 의 방향을 90°만큼 회전하기 블록을 블록 조립소에 드래그하여 연결합니다. 회전값을 '10도'로 변경합니다.

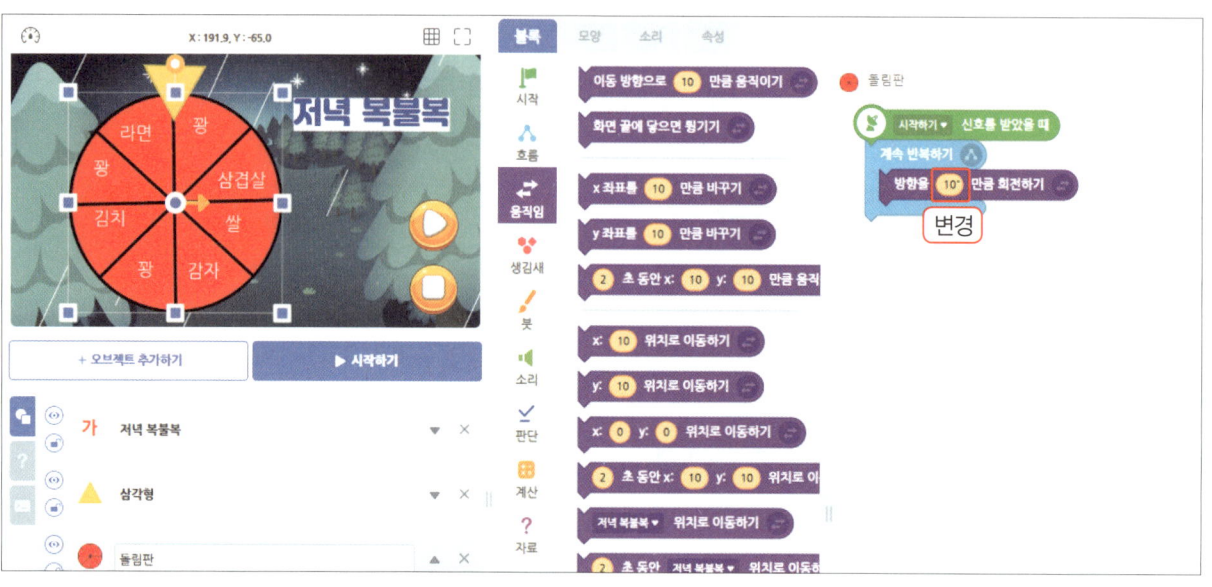

03 멈춤 버튼을 클릭하면 돌림판 멈추기

멈춤 버튼을 클릭하면 돌림판이 멈추도록 만들어 봅니다.

01 '정지 버튼' 오브젝트를 클릭하고 [속성] 탭에서 '정지하기' 신호를 추가합니다. 시작 의 오브젝트를 클릭했을 때 와 정지하기▼ 신호 보내기 블록을 드래그하여 블록 조립소에 연결합니다.

02 '돌림판' 오브젝트를 클릭합니다. 의 정지하기 신호를 받았을 때 와 의 모든 코드 멈추기 블록을 드래그하여 블록 조립소에 연결합니다.

03 시작하기(▶시작하기)를 클릭하고 [시작 버튼]과 [멈춤 버튼]을 눌러서 재료를 획득해 봅니다.

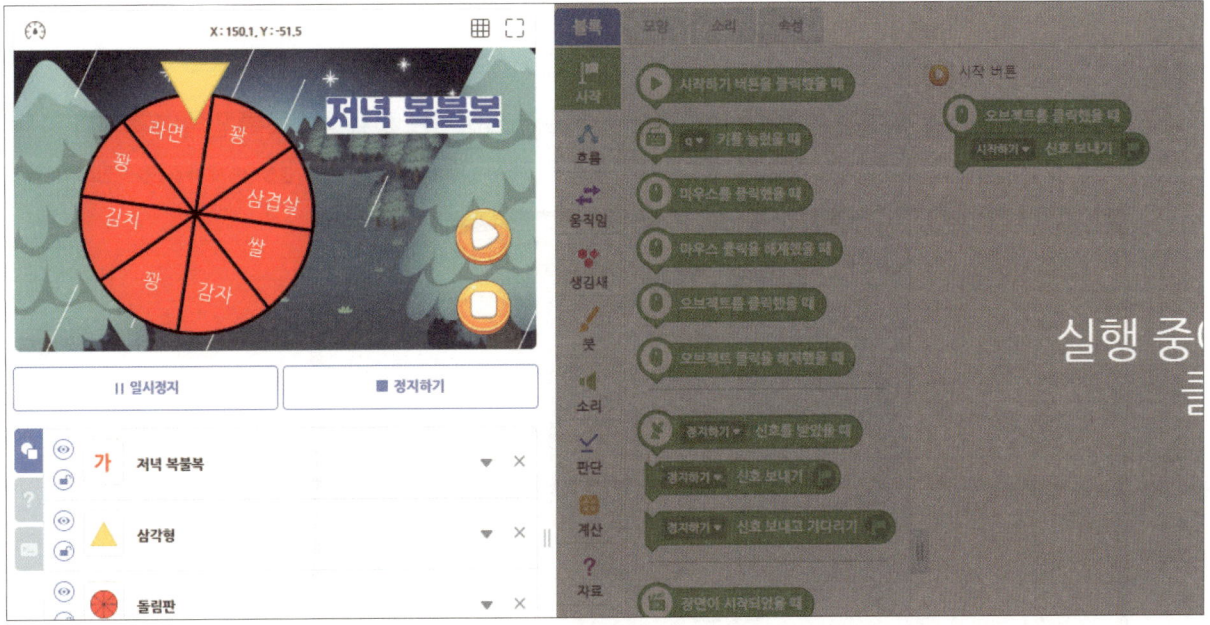

혼자서 똑딱똑딱

01 아래와 같은 그림과 같이 오브젝트를 추가하기 하고 시작하기를 클릭하면 '룰렛 화살표가' 돌아가도록 만들어 봅니다.

📁 [예제파일] 룰렛판1.ent

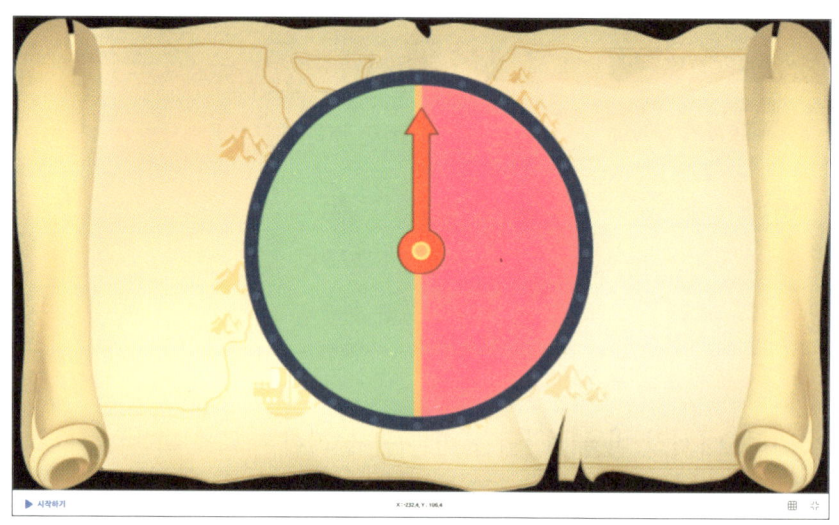

02 01번을 완성한 후 '룰렛판'을 클릭하면 '룰렛 화살표'가 돌아가는 것을 멈추도록 만들어 봅니다.

📁 [예제파일] 룰렛판2.ent

24강 도전 퀴즈왕

학습 목표
- 인공지능 엔트리봇이 퀴즈 안내를 하도록 만들어 봅니다.
- 장면을 추가하여 퀴즈를 맞추면 다음으로 못 맞추면 다시 되돌아 가도록 만들어 봅니다.

[완성파일] 도전퀴즈왕.ent

01 퀴즈 내는 인공지능 엔트리봇

인공지능 엔트리봇이 퀴즈 안내를 하도록 만들어 봅니다.

01 오브젝트 추가하기(+ 오브젝트 추가하기)를 클릭합니다. '엔트리봇', '실행 버튼', 배경에 '책방' 오브젝트를 추가하기 하고 [글상자] 탭에서 'OX 퀴즈'를 입력한 후 글씨체와 글꼴 색상 등을 선택하여 변경합니다.

02 ![인공지능] 의 [인공지능 블록 불러오기]를 클릭하고 [읽어주기]를 추가합니다.

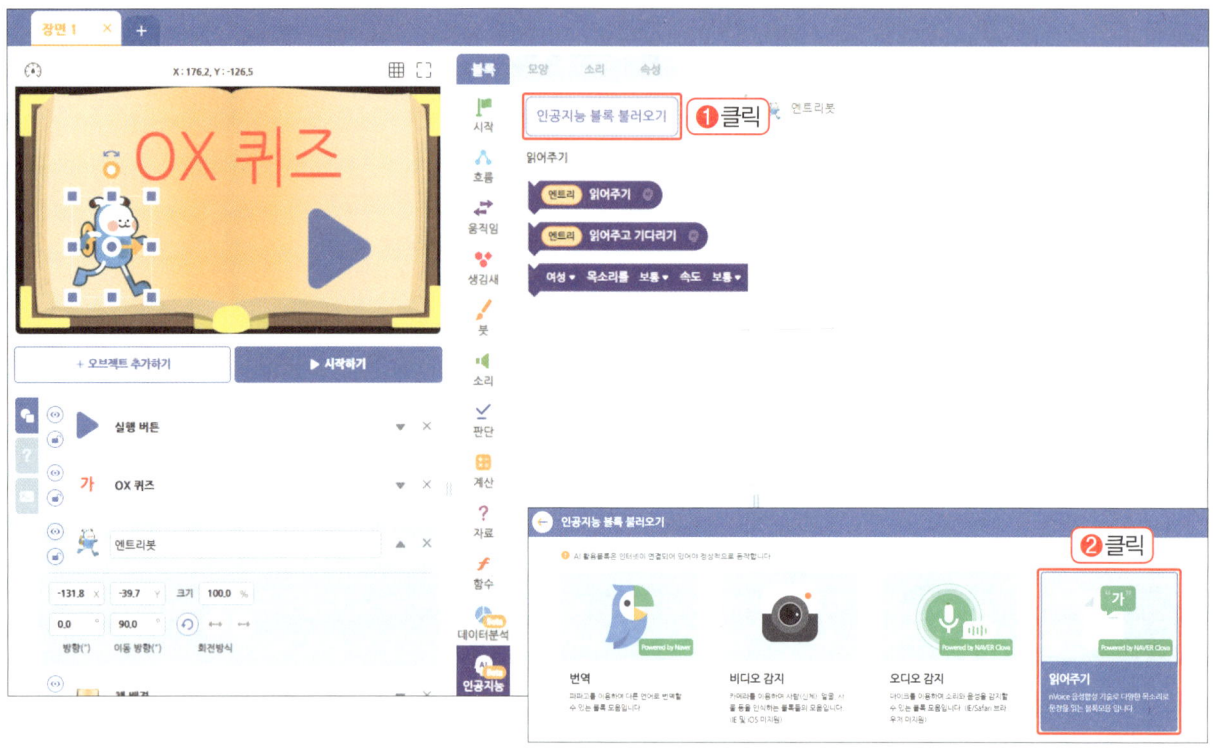

03 '엔트리봇' 오브젝트를 클릭하고 ![시작] 의 ![시작하기 버튼을 클릭했을 때] 와 ![인공지능] 의 ![엔트리 읽어주고 기다리기] , ![생김새] 의 ![안녕! 을(를) 4 초 동안 말하기] 블록을 드래그하여 블록 조립소에 아래 그림과 같이 연결합니다. "**퀴즈왕에 도전하시겠어요?**"와 "**시작하기 버튼을 눌러 주세요**"를 아래 그림과 같이 입력합니다. '4초'를 '**2초**'로 변경합니다.

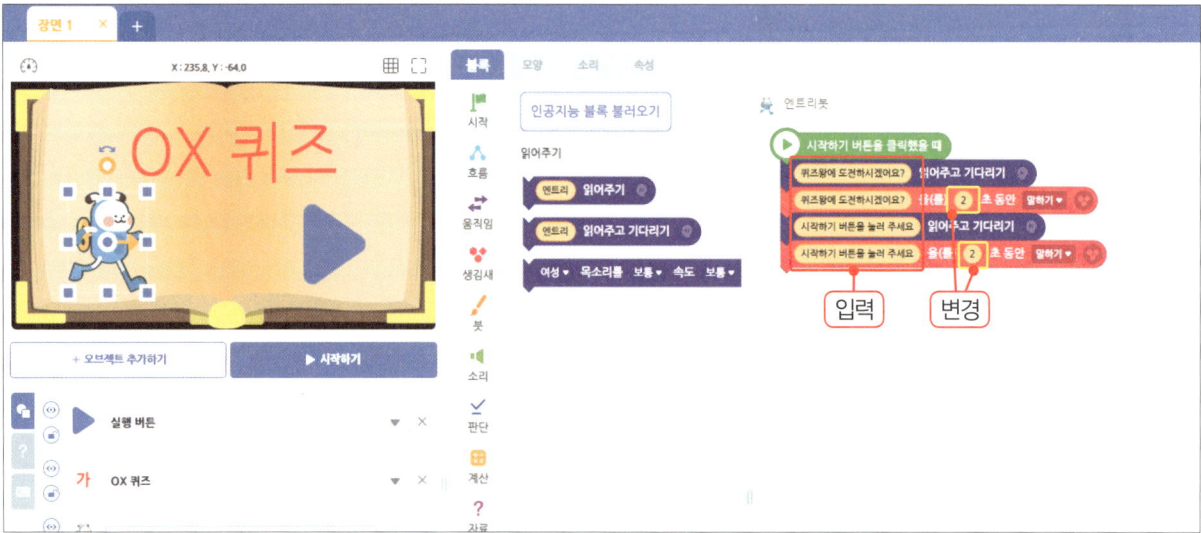

02 퀴즈를 맞추면 다음으로 못 맞추면 다시 되돌아 가기 만들기

장면을 추가하여 퀴즈를 맞추면 다음으로 못 맞추면 다시 되돌아 가도록 만들어 봅니다.

01 '실행 버튼' 오브젝트를 클릭하고 시작 의 오브젝트를 클릭했을 때 와 장면1▼ 시작하기 를 드래그하여 블록 조립소에 연결하고 [장면2]를 추가합니다. '장면1'을 '**장면2**'로 변경합니다.

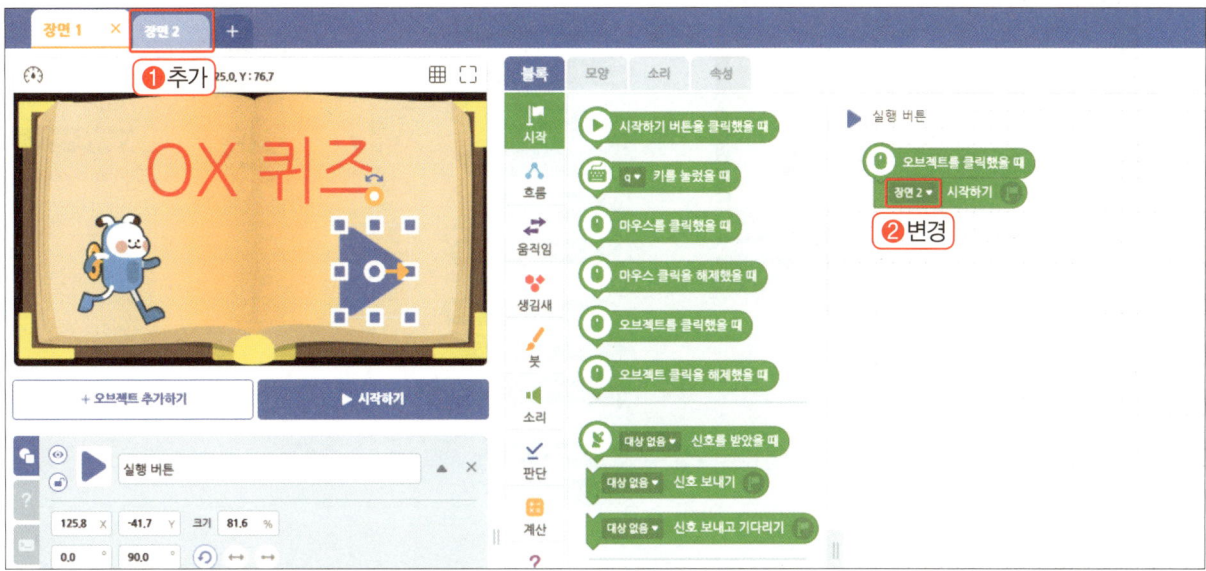

02 [장면2]를 클릭하고 아래 그림과 같이 오브젝트를 추가하기 합니다. [글상자]의 오브젝트에서 "**돼지는 털이 있다**"라고 입력하고 원하는 글자체와 색상 등을 선택합니다.

03 '엔트리봇 표정' 오브젝트를 클릭합니다. 의 와 의 , 의 블록을 드래그하여 블록 조립소에 아래 그림과 같이 연결합니다. "**돼지는 털이 있다**"와 "**맞으면 동그라미 버튼을 틀리면 엑스 버튼을 누르세요**"를 아래 그림과 같이 입력하고 '**2초**'로 변경합니다.

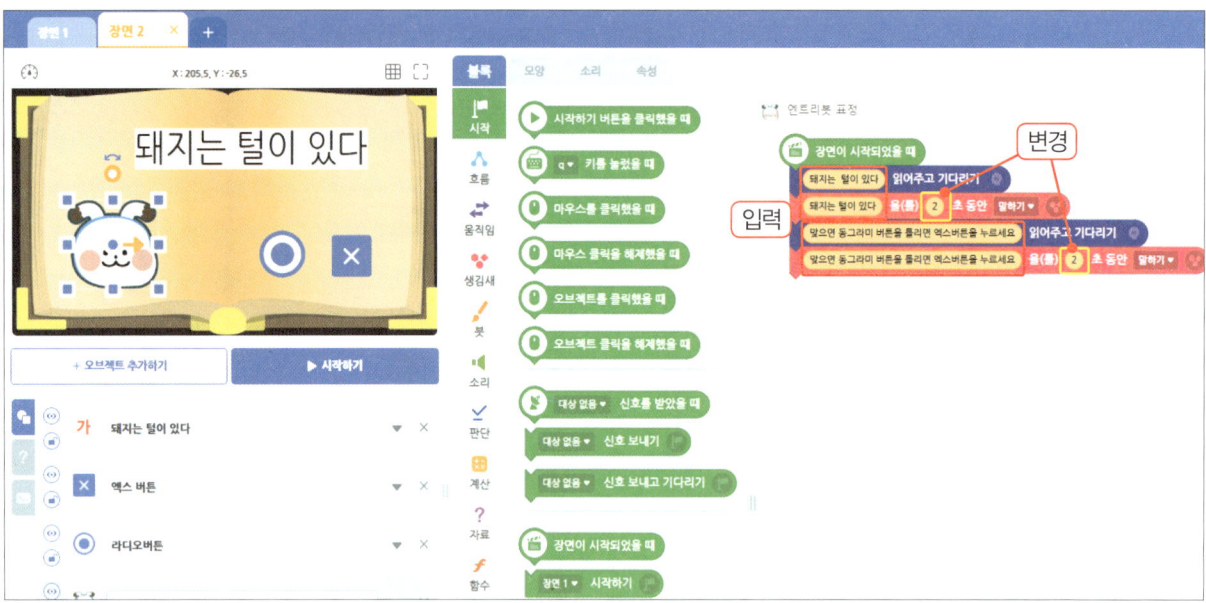

04 '라디오 버튼' 오브젝트를 클릭합니다. 의 와 를 드래그하여 블록 조립소에 연결하고 [장면3]을 추가합니다. '장면1'을 '장면3'로 변경합니다.

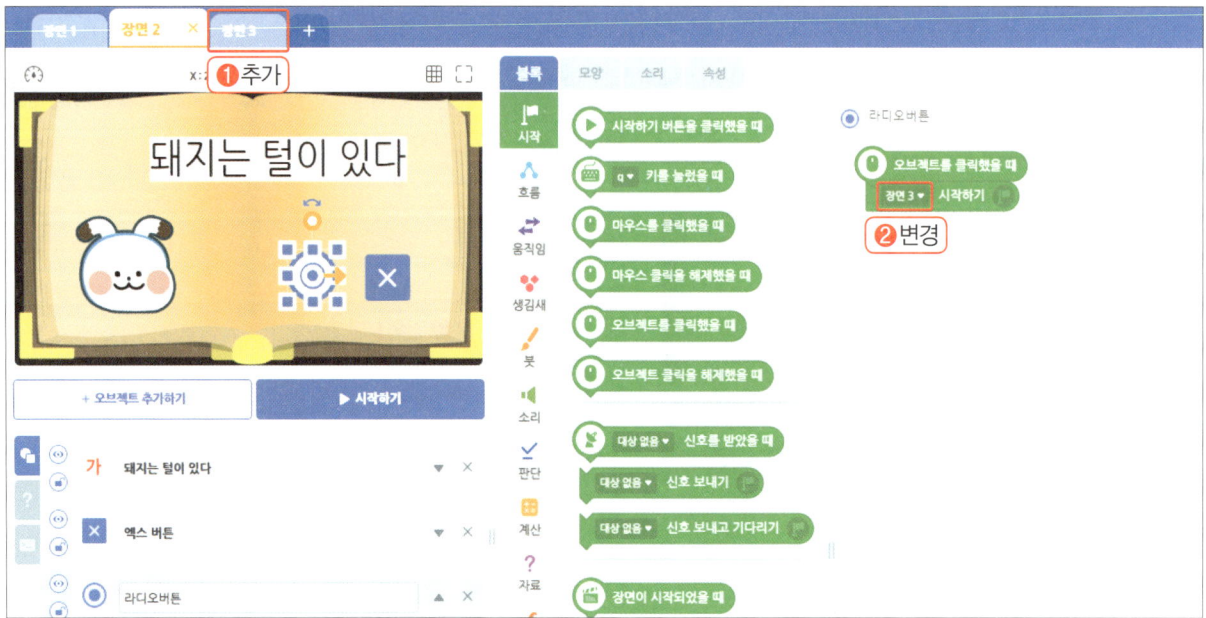

05 '엑스 버튼' 오브젝트를 클릭합니다. 시작 의 오브젝트를 클릭했을 때 와 장면1▼ 시작하기 를 드래그하여 블록 조립소에 연결하고 [장면4]를 추가합니다. '장면1'을 '**장면4**'로 변경합니다.

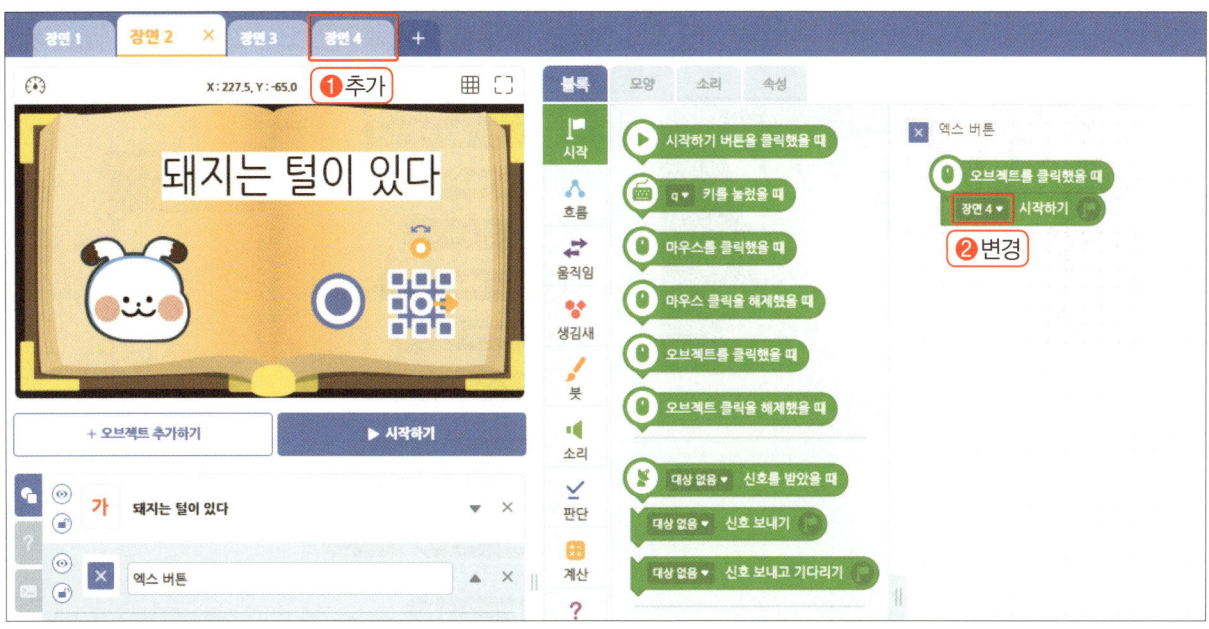

06 [장면4]를 클릭합니다. '다양한 표정 엔트리봇', '새로고침 버튼' 배경에 '조명이 있는 무대' 오브젝트를 드래그하여 원하는 크기와 위치를 조절합니다. '다양한 표정 엔트리봇'을 클릭하고, 장면이 시작되면 아래 그림과 같이 블록을 연결하고 엔트리가 **1초** 동안 "**땡!**", "**다시 한번 도전해보세요**"라고 말하도록 입력합니다.

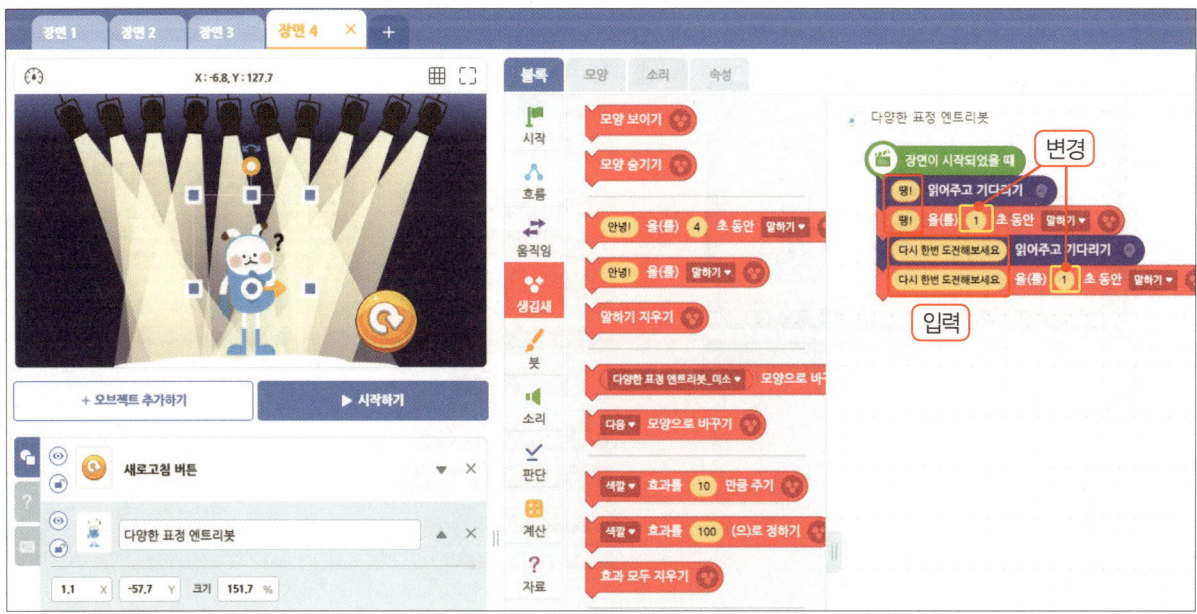

07 '새로 고침' 오브젝트를 클릭합니다. 시작 의 오브젝트를 클릭했을 때 와 장면 1 ▼ 시작하기 를 드래그하여 블록 조립소에 연결합니다.

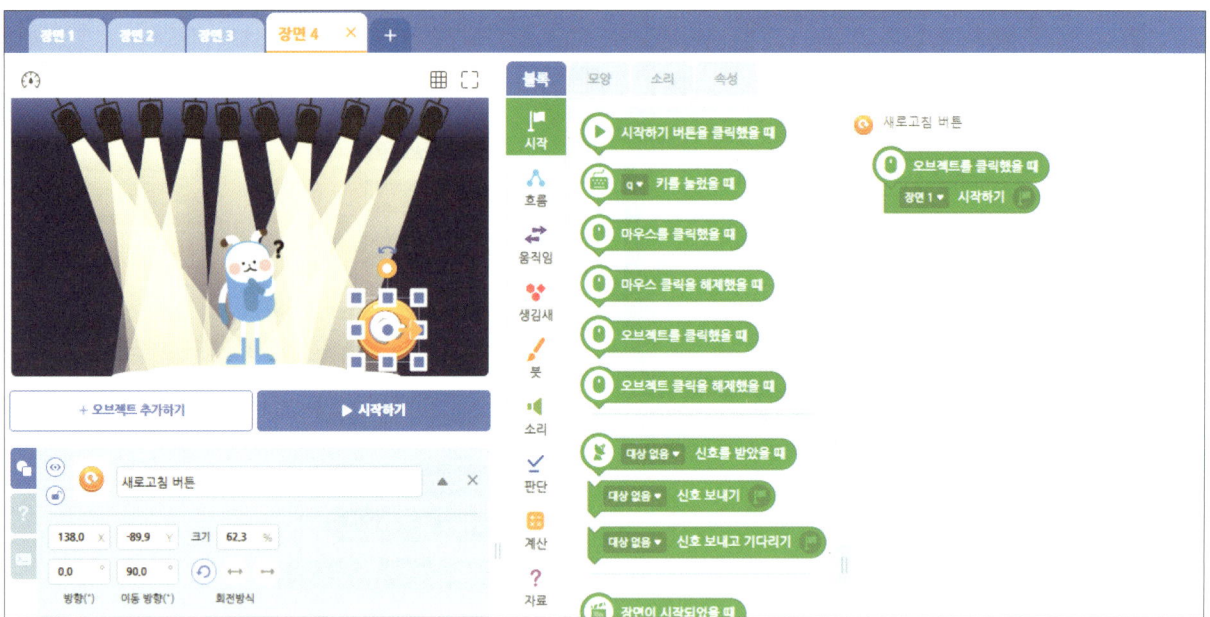

08 [장면3]을 클릭하고 아래 그림과 같이 오브젝트를 추가합니다. [글상자]의 오브젝트에서 "물고기는 기침을 하지 않는다"라고 입력하고 원하는 글자체와 색상 등을 선택한 후, '엔트리 표정' 오브젝트를 클릭합니다. 장면이 시작되면 아래 그림과 같이 블록을 연결하고 엔트리가 **2초** 동안 **"물고기는 기침을 하지 않는다"**, **"맞으면 동그라미 버튼을 틀리면 엑스 버튼을 누르세요"**라고 말하도록 입력합니다.

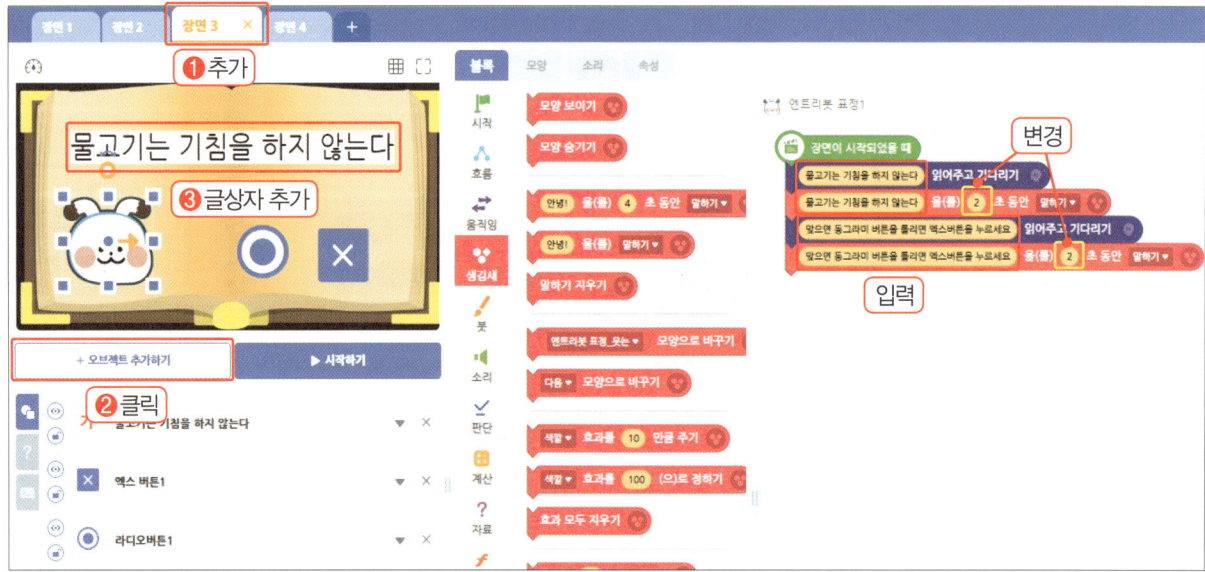

09 '라디오 버튼' 오브젝트를 클릭합니다. 시작 의 오브젝트를 클릭했을 때 와 장면1▼ 시작하기 를 드래그하여 블록 조립소에 연결하고 '장면1'을 '**장면4**'로 변경합니다.

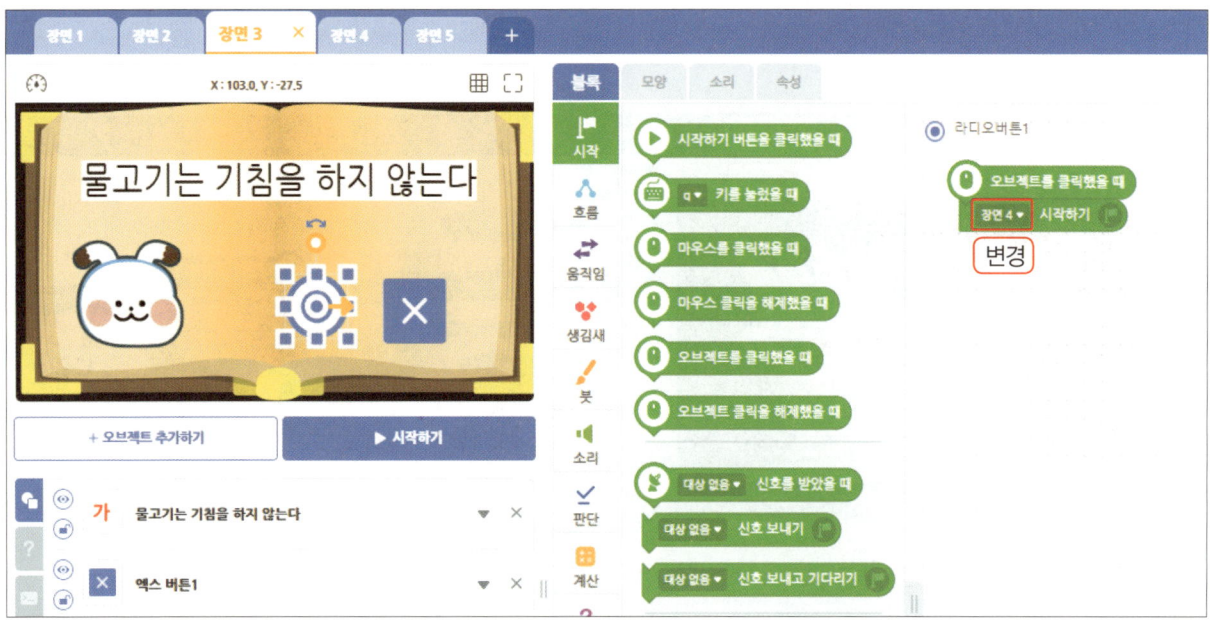

10 '엑스 버튼' 오브젝트를 클릭합니다. 시작 의 오브젝트를 클릭했을 때 와 장면1▼ 시작하기 를 드래그하여 블록 조립소에 연결하고 [장면5]를 추가하고 '장면1'을 '**장면5**'로 변경합니다.

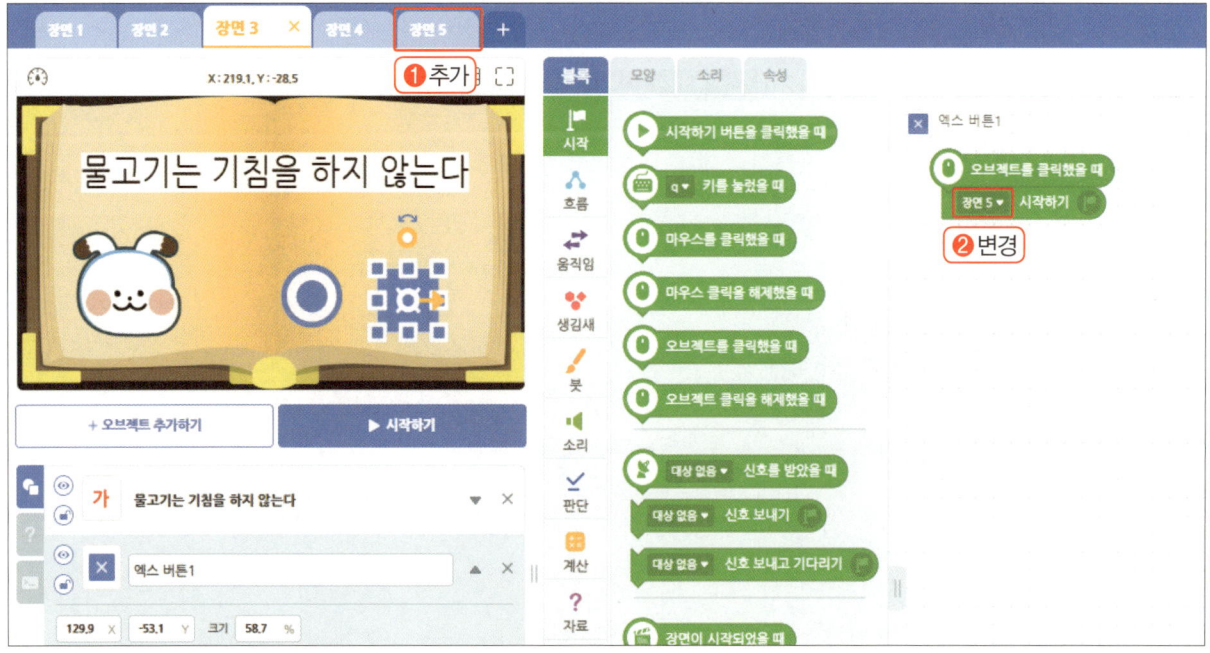

11 [장면5]를 클릭합니다. '왕관(1)', 배경에 '조명이 있는 무대' 오브젝트를 드래그하여 원하는 위치와 크기를 조절합니다. '왕관(1)' 오브젝트를 클릭합니다. 장면이 시작되면 "**축하합니다. 퀴즈왕이 되셨네요**"라고 **2초**동안 말하면서 점점 커지는 왕관이 보이도록 아래와 같이 블록을 연결하고 변경 합니다.

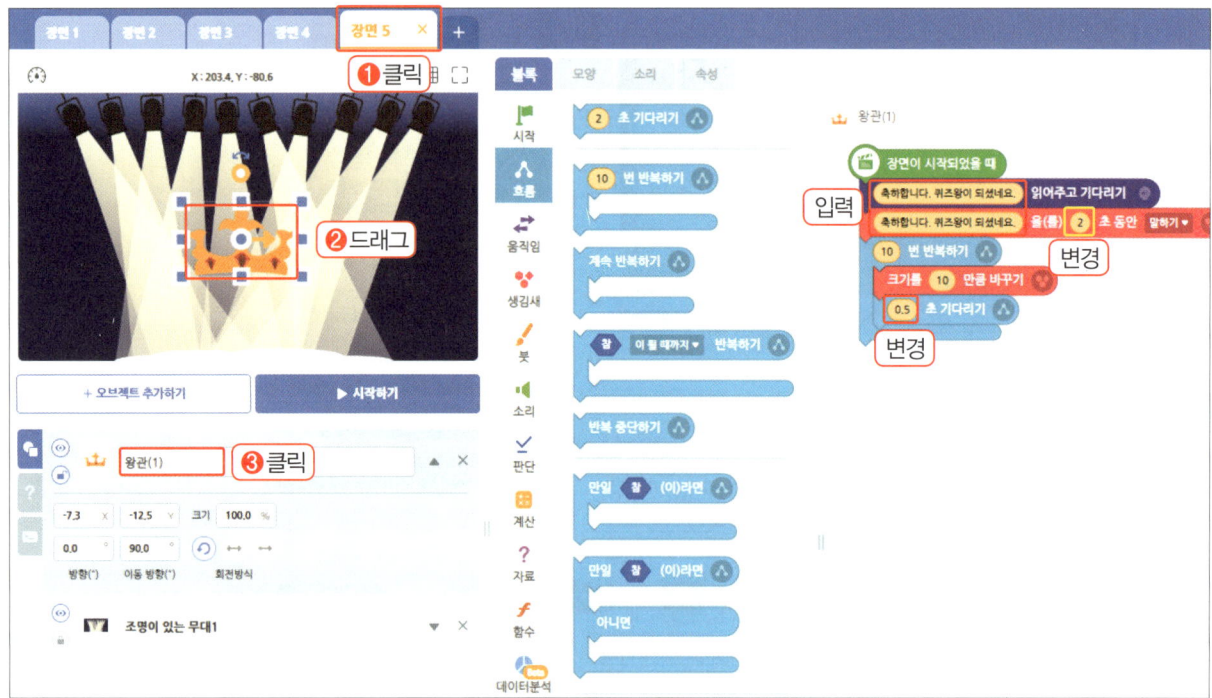

12 '장면1'을 클릭합니다. 시작하기(▶시작하기)를 클릭하고 퀴즈를 풀어봅니다.

TIP
정답은
돼지는 털이 있다.(○)
물고기는 기침을 하지 않는다.(×)

혼자서 똑딱똑딱

01 아래 그림과 같은 오브젝트를 추가하고, 인공지능이 채소가 아닌 것을 고르도록 문제를 내도록 만들어 봅니다. 맞으면 '장면2'로 틀리면 '장면3'로 이동하도록 만들어 봅니다.

[예제파일] 채소가아닌것은.ent

02 인공지능 지니가 원하는 물건을 찾아주면 '장면2'로 이동하도록 만들어 봅니다.

[예제파일] 지니가원하는것찾기.ent

사용한 블록 정리

● **시작블록** : 블록의 실행 조건을 설정해요.

시작하기 버튼을 클릭했을 때	[시작하기] 버튼을 클릭하면 아래에 연결된 블록들을 실행해요.
q▼ 키를 눌렀을 때	지정된 키를 누르면 아래에 연결된 블록들을 실행해요.
마우스를 클릭했을 때	마우스 버튼을 클릭했을 때 아래에 연결된 블록을 실행해요.
마우스 클릭을 해제했을 때	마우스 버튼 클릭을 해제했을 때 아래에 연결된 블록을 실행해요.
오브젝트를 클릭했을 때	해당 오브젝트를 클릭했을 때 아래에 연결된 블록을 실행해요.
오브젝트 클릭을 해제했을 때	해당 오브젝트 클릭을 해제했을 때 아래에 연결된 블록을 실행해요.
대상없음▼ 신호를 받았을 때	해당 신호를 받으면 연결된 블록들을 실행해요.
대상없음▼ 신호 보내기	목록에 선택한 신호를 보내요.
장면이 시작되었을때	장면이 시작되면 아래에 연결된 블록들을 실행해요.
다음▼ 장면 시작하기	다음 장면을 시작해요.
장면 1▼ 시작하기	선택한 장면을 시작해요.

● **흐름블록** : 블록을 반복하거나 조건에 따라 흐름을 정해요.

2 초 기다리기	설정한 시간만큼 기다리고 다음 블록을 실행해요.
10 번 반복하기	설정한 횟수만큼 포함된 블록들을 반복 실행해요.
계속 반복하기	포함된 블록들을 계속 반복 실행해요.

참 이 될 때까지▼ 반복하기	판단이 참이 될 때까지 포함된 블록들을 반복 실행해요.
만일 참 이라면	만일 판단이 참이면 포함된 블록들을 실행해요.
만일 참 이라면 / 아니면	만일 판단이 참이면 첫 번째 포함된 블록들을 실행하고 거짓이면 두 번째 포함된 블록들을 실행해요.
참 이(가) 될 때까지 기다리기	판단이 참이 될 때까지 실행을 멈추고 기다려요.
모든▼ 코드 멈추기	모든 오브젝트의 코드가 실행을 멈춰요.
자신▼ 의 복제본 만들기	선택한 오브젝트의 복제본을 만들어요.

● **움직임 블록** 움직임 : 오브젝트 위치나 방향 등의 움직임을 선택해요.

이동 방향으로 10 만큼 움직이기	설정한 값만큼 오브젝트가 이동 방향에 따라 움직여요.
화면 끝에 닿으면 튕기기	오브젝트가 화면 끝에 닿으면 튕겨요
x 좌표를 10 만큼 바꾸기	오브젝트의 x좌표를 설정한 값만큼 바꿔요.
y 좌표를 10 만큼 바꾸기	오브젝트의 y좌표를 설정한 값만큼 바꿔요.
2 초 동안 x: 10 y: 10 만큼 움직이기	오브젝트가 중심점을 기준으로 입력한 시간 동안 좌표값만큼 이동해요.
x: 10 위치로 이동하기	오브젝트가 중심점을 기준으로 입력한 x좌표로 이동해요.
y: 10 위치로 이동하기	오브젝트가 중심점을 기준으로 입력한 y좌표로 이동해요.
x: 0 y: 0 위치로 이동하기	오브젝트가 중심점을 기준으로 입력한 x와 y좌표로 이동해요.

사용한 블록 정리

마우스포인터▼ 위치로 이동하기	오브젝트가 중심점을 기준으로 선택한 오브젝트 또는 마우스포인터의 위치로 이동해요.
방향을 90° 만큼 회전하기	오브젝트가 중심점을 기준으로 입력한 각도만큼 시계 방향으로 회전해요.
이동 방향을 90° 만큼 회전하기	오브젝트의 이동 방향을 입력한 각도만큼 회전해요.
마우스포인터▼ 쪽 바라보기	오브젝트 이동 방향이 선택된 항목을 향하도록 오브젝트 방향을 회전해요.

● **생김새 블록** 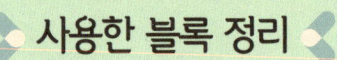 : 오브젝트 모양 등 외형에 관한 블록이에요.

모양 보이기	오브젝트가 화면에 나타나요.
모양 숨기기	오브젝트를 화면에서 숨겨요.
안녕! 을(를) 4 초 동안 말하기▼	오브젝트가 입력한 내용을 시간 동안 말풍선으로 말하고 다음 블록이 실행돼요.
안녕! 을(를) 말하기▼	오브젝트가 입력한 내용을 말풍선으로 말하는 동시에 다음 블록이 실행돼요.
대상없음 모양으로 바꾸기	오브젝트를 선택한 모양으로 바꿔요.
다음▼ 모양으로 바꾸기	오브젝트를 다음 모양으로 바꿔요.
색깔▼ 효과를 10 만큼 주기	오브젝트에 색깔 효과를 입력한 값만큼 표현해요.
크기를 10 만큼 바꾸기	오브젝트에 크기를 입력한 만큼 바꿔요.

● **붓 블록** : 선을 이용한 그림 등을 그리는 기능을 제공해요.

도장찍기	오브젝트의 모양을 도장 찍듯이 화면에 찍어요.
그리기 시작하기	오브젝트가 이동하는 데로 선을 그려요.

붓의 색을 ■ (으)로 정하기	오브젝트가 그리는 선의 색을 정해요.
붓의 굵기를 1 (으)로 정하기	오브젝트가 그리는 선의 굵기를 정해요.

- **소리 블록** 🔊 : 추가한 소리를 실행하거나 멈춰요.

소리 대상없음▼ 재생하기	오브젝트가 선택한 소리를 재생하는 동시에 다음 블록을 실행해요.
소리 대상없음▼ 1 초 재생하기	오브젝트가 선택한 소리를 입력한 시간 동안 재생하는 동시에 다음 블록을 실행해요.
소리 강아지 짖는소리▼ 1 초 재생하고 기다리기	오브젝트가 선택한 소리를 입력한 시간 만 재생하고 소리 재생이 끝나면 다음 블록을 실행해요.

- **판단 블록** ✓ : 조건에 대한 판단을 위한 블록이며 변수와 함께 사용해요.

마우스포인터▼ 에 닿았는가?	해당 오브젝트가 선택한 항목에 닿으면 참으로 판단해요.
10 > 10	왼쪽 항이 오른쪽 항보다 크면 참으로 판단해요.
10 ≥ 10	왼쪽 항이 오른쪽 항보다 크거나 같으면 참으로 판단해요.
참 또는▼ 거짓	두 가지 판단 중 하나라도 참이면 참으로 판단해요.
마우스를 클릭했는가?	왼쪽 항과 오른쪽 항이 같으면 참으로 판단해요.
10 = 10	두 가지 판단 중 하나라도 참이면 참으로 판단해요.

- **자료 블록** ❓ : 속성의 변수, 신호, 리스트 등을 추가하여 제어해요.

점수▼ 에 10 만큼 더하기	선택한 변수의 입력 값을 더해요.
점수▼ 값	선택한 변수의 저장 값이에요.

사용한 블록 정리

● **인공지능** 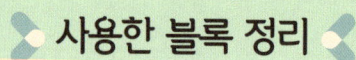 : 이미지, 음성, 텍스트, 분류, 예측, 군집 모델 학습을 해요.

학습한 모델로 분류하기	이미지 모델을 학습한 모델로 분류해요.
분류 결과	이미지 모델을 학습한 분류 결과 값이에요.
분류 결과가 개▼ 인가?	이미지 모델을 학습한 분류 결과 변수 값이에요.
엔트리 읽어주고 기다리기	인공지능이 음성으로 읽어주고 기다려요.
여성▼ 목소리를 보통▼ 속도 보통▼ 음높이로 설정하기	인공지능이 다양한 목소리의 다양한 속도와 다양한 음높이로 말하도록 설정해요.
한국어▼ 엔트리 을(를) 영어▼ 로 번역하기	인공지능이 언어를 인식하고 영어로 번역해요.
마이크가 연결되었는가?	오디오 감지를 하여 컴퓨터 마이크가 연결이 되었는지 확인해요.
음성 인식하기	오디오 감지를 하여 음성인식을 해요.
마이크 소리크기	오디오 감지를 통한 마이크의 소리크기 값이에요.
음성을 문자로 바꾼 값	오디오 감지를 통한 음성을 문자로 바꾼 값이에요.